Franz Studniczka

Die Siegesgöttin

Entwurf der Geschichte einer antiken Idealgestalt

Verlag
der
Wissenschaften

Franz Studniczka

Die Siegesgöttin

Entwurf der Geschichte einer antiken Idealgestalt

ISBN/EAN: 9783957000965

Auflage: 1

Erscheinungsjahr: 2014

Erscheinungsort: Norderstedt, Deutschland

© Verlag der Wissenschaften in Vero Verlag GmbH & Co. KG. Alle Rechte beim Verlag und bei den jeweiligen Lizenzgebern.

Webseite: http://www.vdw-verlag.de

Cover: Foto ©Rainer Sturm / pixelio.de

DIE SIEGESGOETTIN

ENTWURF DER GESCHICHTE

EINER ANTIKEN IDEALGESTALT

VON

FRANZ STUDNICZKA

LEIPZIG
DRUCK UND VERLAG VON B. G. TEUBNER
1898

Vorbemerkung.

Einen Vortrag, dessen Stoff gröfstenteils den Fachgenossen längst vertraut ist, herauszugeben, bestimmt mich die von Urteilsfähigen erweckte Hoffnung, dafs er zunächst dem weiteren Kreise von Freunden der Antike manches noch nicht genug Bekannte näher bringen, daneben aber auch den Kennern des Gegenstandes durch die Verknüpfung, in die hier geläufige Thatsachen gebracht sind, wenigstens Anregungen zu erneuter Prüfung eines bedeutsamen Abschnitts der alten Kunstgeschichte bieten könnte. Um diese beiden Zwecke besser zu erreichen, habe ich das, was ich wirklich gesprochen, etwas umgestaltet und erweitert, auch für den nachprüfenden Leser einige Litteraturnachweise beigefügt, obwohl diesem Brauch eine wie mir scheint falsche Vornehmheit jetzt nicht günstig ist. Solche Anführungen auf das Notwendigste zu beschränken, gestattet die Aussicht auf baldiges Erscheinen des Artikels 'Nike' in Roschers Lexikon der griechischen und römischen Mythologie. Sein Verfasser, Heinrich Bulle, und ich haben unsere unabhängig von einander entstandenen Arbeiten verglichen und wechselseitig benützt, ein erfreulicher Austausch, der beiden Teilen Gewinn brachte. Mit uns werden auch die Leser dem Teubnerschen Verlag für die Fülle der Abbildungen Dank wissen. Die der Bescheidenheit ihrer technischen Ausführung wenigstens nach der herrschenden Sitte nicht recht entsprechende Anordnung auf Tafeln ist nur aus Rücksicht auf möglichste Klarheit des Druckes bevorzugt worden, brachte dann aber auch den Vorteil übersichtlicher Zusammenfassung von Gruppen mit sich, wie ihn die übliche Zerstreuung der Figuren im Texte nicht erreicht hätte. — Die Anfangsvignette ist, in Ermangelung eines technisch geeigneten Momentbildes, einem japanischen Bilderbuch, die Schlufsvignette dem Bronzenkataloge der Pariser Nationalbibliothek von Babelon und Blanchet entnommen.

Hochansehnliche Versammlung!

Diese Stunde mit allgemeinen Betrachtungen über mein Lehrfach auszufüllen, würde ich mich nur dann befugt erachten, wenn ich darüber wesentlich Neues sagen zu können glaubte. Da ich das nicht vermag, scheint es mir überflüssig an einem Orte, wo die Wissenschaft von der antiken Kunst, die wir mit dem konventionellen Namen 'klassische Archäologie' bezeichnen, dank dem Wirken von Männern wie Otto Jahn und Johannes Overbeck längst das volle Bürgerrecht erlangt hat; wo es nur gelten kann, ihren Betrieb zeitgemäfs weiterzubilden, zwar mit voller Wahrung ihres wurzelhaften Zusammenhanges mit dem Studienbereiche der klassischen Altertumskunde, aber nicht weniger mit dem Bewufstsein, dafs die Archäologie innerhalb dieses Organismus und des gröfseren einer Universität nur dann das Ihrige leisten kann, wenn sie, gemäfs ihrer Zugehörigkeit auch zu dem Ganzen der Kunstwissenschaft, neben der allgemeinen philologisch-historischen die ihrem besondern Stoff eigentümliche Betrachtungsweise selbständig entwickelt.

So ziehe ich es denn vor, Ihnen an einem bescheidenen Einzelthema zu zeigen, wie ich meines Amtes zu walten bestrebt bin, mit Hilfe all der modernen Hilfsmittel, deren Vervollständigung an unserer Hochschule in jüngster Zeit so erfreuliche Fortschritte gemacht hat.

Bei der Wahl eines Gegenstandes war es mir gleichgültig, ob er mir Gelegenheit biete, Ergebnisse eigener Forschung mitzuteilen. Nur darauf kommt es mir an, eine recht bezeichnende Probe unserer jetzigen Bestrebungen zu geben: Ihnen zu vergegenwärtigen, welche Menge des wertvollsten neuen Stoffes uns durch die planmäfsigen Ausgrabungen der letzten Jahrzehnte zugeführt worden; wie dadurch ein Aufbau immer vollständigerer Typenreihen ermöglicht wird, die sich nicht blofs äufserlich in den Verlauf der Geschichte einordnen, sondern da und dort schon eine genetische Entwickelung des Kunstschaffens erkennen und begreifen lassen; eine Entwickelung, die zwar selbstverständlich von den allgemeinen Faktoren des Kulturlebens bedingt, am entscheidendsten aber doch von der schöpferischen That des Einzelnen vorwärts getrieben wird.

Fast jeder solche Ausschnitt aus der Geschichte der antiken Kunst wird von selbst zu einem Hymnus auf die unvergängliche Gröfse des Hellenentums. Nicht als ob wir noch an dem frommen Aberglauben unseres Winckelmann festhalten könnten, der in jenem ein unübertreffliches Muster für alle Folgezeit erblickte. Wohl aber im Sinn einer gerechten historischen Würdigung, welche uns immer deutlicher die Griechen als die ersten Befreier der Menschheit aus dumpfer Gebundenheit bewundern lehrt und damit als die Führer zu allem Grofsen und Gröfseren, was nach ihnen gekommen ist.

Ein Stoff, der solchen Absichten entspräche, war am besten dort zu suchen, wo die griechische Kunst ihr Eigenstes geleistet hat: auf dem Gebiete der Idealgestalten. Es ist die griechische Siegesgöttin, aus deren Geschichte ich Ihnen das Wichtigste erzählen will.

I

Während die meisten anderen Gottheiten, bevor sie künstlerische Gestaltung fanden, eine lange Vorgeschichte in Religion, Sage und Dichtung hinter sich hatten, ist sie bei Nike rasch erzählt.

Das Epos gebraucht zwar den Ausdruck νίκη als die gewöhnlichste Bezeichnung des Sieges; die Personifikation aber ist ihm fremd, so gut wie die der Liebe. Schwerlich mit Recht pflegt man daraus zu schliefsen, dafs sie damals noch nicht geschaffen war. Sie wurzelt wohl vielmehr in einer der ältesten Schichten des Volksglaubens, die erst neulich Hermann Useners Werk über griechische Götternamen in helleres Licht gestellt hat: in jener Epoche, da jeder Klasse von bedeutsameren Vorgängen, ursprünglich sogar jedem Einzelvorgang sein eigener Dämon, sein Sonder- oder Augenblicksgott zukam, dessen Name irgendwie aus dem entsprechenden Begriffswort gebildet wurde. Ein ganzes Pantheon solcher Sondergötter waren die bekannten Indigitamenta der Römer, von denen als Beispiele Abeona und Adeona, die Schutzgeister des Ab-

und Zugangs, genannt seien. Zu dieser Gattung wird mit vielen anderen Personifikationen der griechischen Götterwelt auch die Siegesgöttin gehören.

Sie taucht denn auch zum erstenmale dort auf, wo sich der dunkle vorgeschichtliche Dämonismus mit dem leuchtenden Olymp Homers ausgleicht und verschmilzt: in der Theogonie Hesiods. Hier wird Nike mit einer Geschwisterschar verwandter Wesen, mit Zelos dem Eifer, Kratos der Macht und Bia der Gewalt, von ihrer Mutter Styx, der düstern Nymphe des Unterweltsflusses, dem Zeus zugeführt, als wertvolle Bundesgenossin im Kampf um die Weltherrschaft gegen das ältere Göttergeschlecht der Titanen. Diese durchsichtige Einkleidung des Satzes, dafs der Sieg den Allherrscher begleitet, ist — wenn wir von ganz unbedeutenden Zügen späterer Überlieferung absehen — alles, was der Mythos von Nike zu berichten hat.

Aber während andere Personifikationen dieser Art des Gedankens Blässe niemals überwanden, ist sie mit am frühesten in der Phantasie und Kunst der Hellenen zu vollem körperlichen Dasein gelangt, gleich ihrem männlichen Doppelgänger Eros. Nur mit dem Unterschiede, dafs sich dieser Sondergott einer gewaltigen Naturkraft frühzeitig, wenn auch nur an wenigen Orten, zu einer grofsen Kultusgottheit ausgewachsen hatte, Nike dagegen erst spät und in sehr beschränktem Mafse zu solcher Bedeutung gekommen ist, aufser wo sie mit einer verwandten Kultgöttin verschmolzen wurde, wie in der attischen Athena Nike.

Woher also hat sie ihre wunderbare Lebenskraft geschöpft? Die Antwort giebt uns wieder Hesiod mit einer allegorischen Dichtung. Das Menschenleben beherrscht Eris, die Göttin des Streites, und zwar in doppelter Gestalt. Die böse Eris reizt zu verderblichem Zank und Krieg, die gute aber eifert, an den Wurzeln der Erde sitzend, selbst den trägen Mann an, durch Fleifs und Tüchtigkeit den Wohlstand des Nachbars zu erreichen. So spricht der abergläubische böotische Bauernpoet. Aber dasselbe meint schon der greise homerische Ritter, wenn er den Sohn in den Krieg entläfst mit der Mahnung: 'immer der Beste zu sein und sich auszuzeichnen vor andern.'

Dieser Wetteifer beherrscht das hellenische Leben, öffentliches und privates, in einem Mafse, das selbst unsere konkurrenzsüchtige Zeit nicht erreicht hat. Er gestaltet sich auf den verschiedensten Gebieten zum organisierten Wettkampf, zum Agon. Nicht nur die Hunderte von Kantonen und Städten messen in Krieg und Frieden ihre Kräfte. Auch die friedlichen Bürger wetteifern miteinander, am meisten um den Preis der körperlichen Kraft und Gewandtheit in Gymnastik und Pferdesport sowie um den Vorzug der geistigen Leistungen, namentlich in Dichtkunst und Musik. Und diese mannigfachen Agone erhalten ihre religiöse Weihe, indem sie zum unentbehrlichen Bestandteile der höchsten Feste werden, die man Göttern und Verstorbenen feiert. Der Erfolg aber in jedem solchen Wettstreit, auch im allerfriedlichsten, wird als Sieg, als Nike bezeichnet. Schon Homer spricht von νίκη nicht blofs im ernsten Waffengang und im gymnastischen Wettspiel, nein, auch in der Redegewandtheit, der Klugheit, der Schönheit.

Und für jeden Sieg gebührt der Dank den Göttern. Sein dauernder Ausdruck ist das Weihgeschenk, das, im Heiligtum aufgestellt, die Gottheit an den frommen Sinn des Stifters, die lieben Mitbürger und Volksgenossen, Freund und Feind, an seinen rühmlichen Erfolg erinnert. Solchen Anathemen eine sinnreiche Form zu geben, ist eine der ersten, eine der wichtigsten Aufgaben der griechischen Bildnerei. Sehr gebräuchlich war das Bild der Gottheit oder das des Stifters. Auch Andeutungen oder Darstellungen des glücklichen Ereignisses werden von Anbeginn versucht. Aber allzugroße Individualisierung liegt nicht in der Art der älteren griechischen Kunst; sie liebt es vielmehr, das Wesentliche in allgemeingültiger Form, in einem Typus auszudrücken. Da mußte denn der Sieg an sich so recht ein Gegenstand nach ihrem Herzen sein. Ihn befriedigend zu verkörpern, hat sie sich schon mit den primitiven Ausdrucksmitteln ihrer Kindheit eifrig bestrebt.

II

Das Geschlecht der Nikegestalt war durch die Sprache von vornherein gegeben. Es ist einer von den anmutigen Zufällen, die sich wie eine vorbedachte Fügung ausnehmen, daß, was der Mann mit allen Kräften erstrebte, die Gestalt eines Weibes erhielt. Auch Attribute, mit denen Art und Wirken der Götter äußerlich gekennzeichnet wurde, lagen bereit in den Ehrenzeichen der Sieger: Bändern, Zweigen, Kränzen. Aber solche konnten nicht ausreichen, um Nike von anderen weiblichen Wesen des Himmels und der Erde zu sondern; die Gestalt selbst mußte die Eigenart der Siegesgöttin ausdrücken als der windschnellen Botin, welche in dem einen entscheidenden Augenblick die herrliche Gabe von den Olympiern herabbringt. Gelang dies, dann mochte man sogar auf Attribute verzichten.

Verwandte Wesen standen schon vor den Augen der homerischen Dichter; so die Götterbotin Iris und die rasch ereilenden Todesdämonen, Keren und Harpyien. Die ihnen eigene übernatürliche Geschwindigkeit anschaulich zu machen, hatte die griechische Kunst ein Hauptmittel von der des Orients entlehnt: die Anfügung von zwei oder auch vier mächtigen Vogelflügeln an den Rücken. Es zeugt von gesundem Instinkt, daß sie zu dieser semitischen[1] Tafel I (Fig. 1), nicht zur ägyptischen Anordnung gegriffen hat, welche die Flügel mehr oder minder eng mit den Armen verbindet[2] (Fig. 2). Denn diese geht zwar aus richtiger naturwissenschaftlicher Erkenntnis der Identität beider Organe hervor, aber sie fesselt die Menschengestalt an ihren wichtigsten Aktionswerkzeugen, ein nutzloses Opfer, da es doch nicht ausreichen kann, dem kritischen Verstande die Möglichkeit solcher Wesen aufzubinden, der gläubigen Phantasie aber ein bischen mehr oder weniger von empirischer Unmöglichkeit gar nichts verschlägt. Dieses orientalische Symbol gebrauchte der griechische Archaismus mit besonderer Vorliebe, auch bei Gottheiten, welche die klassische

---

[1] Das Beispiel Fig. 1 nach Perrot, Hist. de l'art II S. 503.
[2] Die Abbildung nach Wilkinson, Manners and customs III² S. 107.

Zeit nur flügellos kennt. So bei der schnellen Jagd- und Todesgöttin Artemis, wofür ein Bronzerelief aus Olympia das beste Beispiel ist[1]) (Fig. 3). An ihm wie an den später zu besprechenden Vasenmalereien (Fig. 5, 6) sieht man auch die von nordsyrischen Vorbildern angeregte, aber erst bei den Griechen ausgebildete Gestaltung der Flügel[2]): sie wachsen aus der Rückenfläche wagrecht heraus, um dann nach oben und innen hakenförmig umzubiegen, eine zwar naturwidrige, aber dekorativ wirksame Linie.

Dieses vom Orient übernommene äufserliche Symbol, 'die Hieroglyphe der Schnelligkeit', wie Zoëga gesagt hat[3]), genügte aber auf die Dauer der lebendigen Anschauung des Hellenen nicht; er wollte auch den Zweck der Flügel, die rasche Bewegung durch die Luft, anschaulich machen, was einem Orientalen niemals in den Sinn gekommen ist.[4])

Wie war das zu machen? Wir haben heute leicht sagen: man mufste eben den fliegenden Menschen nach Analogie des fliegenden Vogels darstellen, nachdem die Griechen uns das gelehrt haben. Aber wie langsam und mühsam haben sie selbst es gelernt.

Da der vom Orient übernommene beflügelte Mensch offenbar mehr Mensch als Vogel war und seine Flügel nicht zu gebrauchen wufste, stellte man sich seine Bewegung durch die Luft zunächst auch nur als menschliches Gehen, Laufen und Springen vor. So schildert die Ilias und noch der Hymnos auf Demeter die Iris, Tyrtaios den Boreas, Alkman den Eros.[5]) Die Bildnerei konnte, um einigermafsen überzeugend zu wirken, nur die raschesten von diesen Bewegungen gebrauchen; denn 'Geschwindigkeit ist die Seele des Fluges'. Aber auch aus ihrem Verlauf einen relativ dauerhaften 'fruchtbaren Moment' herauszugreifen und festzubannen, ist eine Aufgabe, deren Lösung erst in den Zeiten der Vollendung ganz gelingt. Nach einer von Ernst Curtius begründeten Anschauung hätte die frühgriechische Kunst den raschesten Lauf mittelst einer Formel ausgedrückt, die wir nach ihrer Ähnlichkeit mit dem Halbknien das Knielaufschema nennen. Sie entspricht aber, wie die Momentphotographie gelehrt hat, vielmehr überraschend genau den Körperhaltungen vor dem Kulminationspunkte des einseitigen Sprunges[6]) (Fig. 4), die immerhin Dauer genug haben, um auch für das Auge wahrnehmbar zu sein. Ihre Übertragung auf laufende Gestalten hat ihre Berechtigung darin, dafs solches Springen auch im Laufe, namentlich auf unebenem Boden, oft Anwendung findet. Werden aber solche Figuren mit den Füfsen auf den Boden gesetzt, dann liegt nur eine Katachrese vor, abgesehen natürlich von Fällen, in denen das jetzt zu sehr bei

[1]) Die Abbildung nach Olympia, die Ergebnisse IV Tf. 38.
[2]) Furtwängler in Roschers Lexik. d. Mythol. I S. 1758.
[3]) Zoëga im Rhein. Museum VI (1838) S. 589.
[4]) Langbehn, Flügelgestalten der ältesten griech. Kunst S. 39.
[5]) J. H. Voss, Mythologische Briefe I² S. 144 f. Kalkmann, Jahrb. d. d. arch. Instit. X (1895) S. 57 f.
[6]) S. Reinach, Rev. arch. 1887 I S. 106 f. = ders., Chroniques d'Orient 1883—1890 S. 331. Unsere Fig. 4 nach den Momentbildern des Photographen Ottomar Anschütz in Berlin (früher Lissa).

Seite geschobene wirkliche Knien oder Niederducken gemeint ist. War aber der 'Knielauf' von Haus aus das Bild der einzigen erfahrungsmäfsigen Menschenbewegung durch die Luft, dann lag seine Übertragung auf deren übernatürliche Steigerung zu dauerndem Luftlauf noch viel näher. Das älteste gesicherte Beispiel hierfür ist der mit Hilfe seiner Flügelschuhe vor den Gorgonen (Fig. 5) ausreifsende Perseus, den genau so, wie wir auf Vasen (Fig. 6), ein Homeride etwa in der zweiten Hälfte des siebenten Jahrhunderts auf dem Schilde des Herakles sah, mit einem fassungslosen Staunen über solch ein Wunder der Kunst, das nur einer neuen Schöpfung gegenüber recht begreiflich ist.[1])

Dies war das gegebene Schema, um auch das Wesen der Siegesgöttin anschaulich zu machen. Zwar in der alten Flächendekoration hat sie sich bisher, wohl nur zufällig, nicht mit Gewifsheit nachweisen lassen. Aber dafür haben wir aus neueren Funden und ihrer scharfsinnigen Deutung durch meinen lieben Lehrer Eugen Petersen nicht ohne Überraschung gelernt, dafs und wie, unserer Göttin zu Liebe, der Jugendmut jener Zeit sich erkühnt hat, das malerische Motiv in die Rundplastik zu übersetzen.[2])

III

Nach einer in die Aristophanesscholien versprengten Notiz pergamenischer Forscher war die älteste geflügelte Nike das Werk eines der frühesten Marmorbildhauer, des Chiers Archermos. Von den beiden Orten, an denen man Arbeiten dieses Meisters kannte, Lesbos und Delos, liegt dieser altheilige Festort des ionischen Stammes hier entschieden am nächsten. Und dort ist denn auch, nach verbreiteter Überzeugung, des Archermos Nike im Jahre 1879 von den Franzosen wiedergefunden worden, in einer etwas weniger als lebensgrofsen, (Tafel II) stark beschädigten Marmorfigur[3]) (Fig. 7, wo die am Gips angebrachten Ergänzungen durch helleren Ton kenntlich sind). Es ist eine Grundfrage für uns, ob diese Kombination zu Recht besteht.

Sie schien urkundlich gesichert, so lange man glauben konnte, dafs die Figur auf einer in der Nähe gefundenen fragmentierten Basisplatte gestanden habe, deren leider sehr verstümmelte Inschrift von drei Hexametern den Namen jenes alten Meisters enthält. Diese Annahme haben jedoch genaue Untersuchungen als unmöglich erwiesen[4]), was mir ein eigener, mit dem besten

---

[1]) Schild d. Herakl. 215 ff., vgl. zuletzt Serta Harteliana, Wien 1898, S. 74. Unsere Gorgo Fig. 5 von der Françoisvase nach Wiener Vorlegebl. 1888 Tf. 4, der Perseus Fig. 6 von der Schüssel aus Aigina (Berlin Nr. 1682) nach Arch. Ztg. XL (1882) Tf. 9. — Über den 'Knielauf' hat ohne Kenntnis der Reinachschen Beobachtung Kalkmann a. a. O. (s. S. 381 Anm. 5) gehandelt. Vgl. G. Körte, Jahrb. d. d. arch. Inst. XI (1896) S. 12 und etwas ausführlicher in meinem demnächst erscheinenden Aufsatze über Myrons Ladas.

[2]) Petersen, Mitt. d. d. arch. Inst. XI (1886) S. 372 ff.

[3]) Kavvadias, Γλυπτὰ τοῦ ἐθνικοῦ μουσείου I Nr. 21. Collignon, Hist. d. l. sculpt. gr. 1 S. 134 ff.

[4]) B. Sauer, Mitt. d. d. arch. Inst. XVI (1891) S. 182 ff. Treu, Verhandl. d. 42. Philologenvers. in Wien 1893 S. 324 ff. Von den positiven Antworten auf die Frage, was denn wirklich auf der Basis gestanden haben könne, scheint mir die Sauersche wahrscheinlicher.

Willen unternommener Versuch, beide Teile im Abguſs durch Ergänzung des Fehlenden zu vereinigen, nur bestätigte. Die Plinthenform, wie sie an der Statue mit höchster Wahrscheinlichkeit zu ergänzen ist, paſst nicht zu dem erhaltenen Teile der Plinthenbettung auf der Basis, und diese Bettung lag wesentlich in der linken Hälfte, statt der Figur entsprechend in der Mitte der Standfläche (vgl. Fig. 7).

Die Unzugehörigkeit der aufgefundenen Künstlerinschrift schlösse aber die Gleichsetzung des Bildwerkes mit der Nike des Archermos nur in dem Falle aus, daſs jene notwendig auf das einzige litterarisch bekannte Werk des Meisters bezogen werden müſste. Aber dies ist nicht bloſs unsicher, sogar recht unglaublich. Die erhaltenen Teile der Urkunde geben über die Art des Weihgeschenks, zu dem sie gehörte, keinerlei Auskunft. Eine sichere Ergänzung des Fehlenden aber ist schwerlich zu finden, bisher jedesfalls nicht gefunden. Fast alle veröffentlichten Herstellungsversuche rechnen nämlich mit einem Schwanken in der Beobachtung der Schriftregel, den Lautwert der Zeichen O und Ω zu vertauschen, für das weder die wirklich sicher lesbaren Teile dieser Inschrift, noch andere in demselben Alphabet aufgezeichnete Texte irgend einen Anhalt geben.[1])

Fest steht nur das eine, daſs die besprochene Form der Basis zu keiner archaischen Nike paſst: denn eine solche kann nicht wesentlich anders ausgesehen haben, als die eben nicht zugehörige delische Statue. Und damit lenken wir schon in die positive Begründung der fraglichen Kombination ein.

Die Figur, nach ihrem Stile gewiſs in der Zeit des Archermos entstanden, tritt an die Spitze einer langen Reihe von gleichartigen Gestalten aus Marmor, Thon und Bronze[2]), deren gemeinsamer Typus sich uns als lebenskräftiger Keim

---

[1]) In Z. 1 ist καλῶν ebenso möglich wie καλόν, Z. 3 nach den Buchstabenresten με[γάλ]ως sogar viel wahrscheinlicher wie Μέλανος. Die Litteratur bei Hoffmann, Sylloge epigr. gr. Nr. 289. Während der Korrektur bemerke ich, daſs mir der Aufsatz von E. Gardner, Classic. Review VII (1893) S. 140 f. entgangen war, der im Negativen mit obiger Darlegung übereinstimmt und zwei wenigstens paläographisch mögliche Ergänzungsvorschläge aufstellt, von denen aber keiner beansprucht, als endgültige Lösung zu gelten.

[2]) Mir sind folgende Exemplare erinnerlich: Marmorstatuen: *Delos*: I Nike des Archermos. — II gröſseres und freieres Exemplar, beschrieben von Furtwängler Arch. Ztg. XL (1882) S. 324. — *Delphi*: III reifarchaisch, abgeb. Gaz. d. beaux-arts II (1894) S. 449, mit Kopf bei S. Reinach, Répert. d. l. stat. Gr. II 1 S. 390, 7 (ein Buch, das mir zu spät zukam, um ausgenützt werden zu können), wohl identisch mit der Figur, die Homolle, Bull. de corr. hell. XX (1896) S. 652 f. als Akroter für den Apollontempel in Anspruch nimmt. — *Akropolis von Athen* (chronologisch geordnet): IV Mitt. d. arch. Inst. Athen XI (1886) Tf. 11 B. — V. VI abgeb. bei Sophulis, Ἐφημερ. ἀρχαιολ. 1888 S. 89 ff. und V hier Fig. 8. — VII (?) S. Reinach, a. a. O. S. 390, 6 (nach Pavlovskis russischem Werke 'Die att. Plastik vor den Perserkriegen' Fig. 52). — VIII Statuette erwähnt Mitt. a. a. O. S. 384 Anm. 1, wo Petersen m. E. mit Unrecht an der Zugehörigkeit zu unserem Typus zweifelt. — IX Mitt. a. a. O. Tf. 11 C, hier Fig. 10. — X—XII drei 'Gewandfüſse', Mitt. XVI (1891) S. 183 f., von Sauer D—F genannt. Ist es ausgeschlossen, daſs diese Stücke zu den unten unvollständigen Statuetten V—VIII gehören? — Terrakotta: Olympia, die Ergebnisse III Tf. 8, 3, Text III S. 40, nach anderen von Treu als Akroter, wie es Vasen darstellen, erklärt. — Bronze-

des klassischen Nikebildes erweisen wird. Hiermit ist ja freilich seine Verwendung auch für andere Wesen in der mit wenigem haushaltenden archaischen Kunst nicht ausgeschlossen. Aber wer soll darin so häufig dargestellt worden sein? Gewiſs nicht Artemis[1]), denn sie jagt auf der Erde, nicht durch die Luft, und kann dabei unmöglich ihr Schieſsgerät entbehren. Iris wiederum spielt in der Kunst eine gar zu geringe Rolle und führt meistens den Heroldsstab. Unsere Figuren aber entbehren, nach den erhaltenen Händen zu schlieſsen, so gut wie sämtlich der Attribute[2]), ein deutliches Zeichen, daſs ihre normale Bedeutung allein durch das eigenartige Bewegungsmotiv verständlich ausgedrückt war; auch dies in Übereinstimmung mit der Nike des Paionios. An den alten Fest- und Spielorten, wo sie gefunden sind, Delos, Delphi, Olympia und der Akropolis von Athen, war für Weihebilder der Siegesgöttin damals schon ebenso vielfältiger Anlaſs wie später. Denn daſs ihre ursprüngliche Bedeutung auf irgend eine besondere Art des Sieges, etwa bloſs auf den durch Körperkraft gewonnenen, beschränkt gewesen sei, ist mit Unrecht behauptet worden, im Widerspruche zu dem früher erwähnten, ganz allgemeinen Gebrauche des Wortes, das in Nike Menschengestalt empfangen hat. Und die andere Verwendung, welche Darstellungen von Bauwerken auf Vasen bezeugen und auch für ein oder das andere erhaltene Exemplar, am meisten für die olympische Terrakotte, wahrscheinlich machen, trifft wieder zusammen mit der Sitte der Blütezeit, diese Begleiterin und Dienerin der groſsen Götter als Firstschmuck auf ihre Tempel zu setzen.

Die Typengeschichte also spricht ganz entschieden für die Identität oder wenigstens die engste Verwandtschaft der Statue von Delos mit der Nike des Archermos. Und dem ist, nach unserem bisherigen Wissen, auch ihr besonderer Stilcharakter nicht entgegen. Zwar finden sich unleugbare Beziehungen zu den Werken der kretisch-peloponnesischen Daidaliden; so gleicht die Faltenbehandlung und Gesichtsbildung in wesentlichen Zügen den Überresten des Herakolosses in Olympia, den unter anderem seine am linken Ohr noch kenntliche Haartracht den kretischen Statuen von Eleutherna und Tegea ganz nahe rückt.[3]) Aber diese Daidalidenkunst war die gemeinsame Mutter der peloponnesischen wie der ionischen Schulen, und die Richtung der letztgenannten auf reichere

---

figürchen: *Akropolis*: I—IX, alle abgeb. bei de Ridder, Catal. d. bronz. ant. s. l'acrop. d'Ath. Nr. 802. 806—808. 810—814 (nur die sicher zum Typus gehörigen Stücke sind angeführt). — *London*: XI erwähnt Mitt. a. a. O. 1886 S. 373. — *Paris*, Louvre: XII abgeb. Collection Eug. Piot 1890 Nr. 41 und S. Reinach a. a. O. S. 393, 5. — *Karlsruhe*: XII Schumacher, Beschr. d. ant. Bronzen Nr. 930.

[1]) Die früher der Entdecker Homolle und neulich noch Robert erkennen wollte, Hermes XXV (1890) S. 449. An Iris dachten Brunn, M. Mayer, Roschers Lexikon d. Mythol. II S. 358 und andere.

[2]) Nur bei der Bronzefigur XI der Liste S. 383 Anm. 2 zeigt die Photographie ein Loch in der erhobenen r. Hand.

[3]) Olympia, die Ergebnisse III Tf. 1, Text III S. 4, wo die Faltenstücke miſsverstanden sind. Die kretischen Werke: Löwy, Rendiconti d. accad. d. Lincei VII (1891) S. 602, besser Bérard, Bull. de corr. hell. XIV (1890) Tf. 11 und Joubin, Revue archéol. XXI (1893) Tf. 34.

und frischere Auffassung der Einzelformen, wie sie sich am reifsten in den Werken ausprägt, welche die Kunstweise von Archermos' Söhnen veranschaulichen dürften, kündigt sich in der delischen Nike schon vernehmlich an.[1]

Nach alledem ist sie entweder das Werk des alten Meisters selbst oder — seine Doppelgängerin, eine Möglichkeit, die in unserem Zusammenhang unbedenklich bei Seite gelassen werden darf.

Diese kritischen Vorbemerkungen, deren Ausführlichkeit die fundamentale Bedeutung der Frage entschuldigen mag, vorausgeschickt, wenden wir uns endlich der genaueren Betrachtung des Kunstwerks zu, wie es Fig. 7 mit Hilfe besser erhaltener Exemplare der Reihe (z. B. Fig. 9 10) im Gipsabgufs wiederhergestellt zeigt.[2] An Stelle des nur aus technischer Bequemlichkeit gewählten Pfeilers sollte wohl eine Säule (mit ionischem Kapitell) als Basis dienen, derengleichen Archermos auf der Burg von Athen verwendet hat.[3] Hinzuzudenken ist noch die lebhafte Bemalung aller archaischen Marmorskulptur, von der sich noch Spuren erhalten haben.[4] (Tafel II)

Ich weifs, es ist keine Schönheit, diese älteste Nike, so grofse Mühe sie sich auch giebt, ihrem glückbringenden Amte gemäfs 'recht freundlich' dreinzuschauen, so zierlich sie sich frisiert, mit Diadem und Collier herausgeputzt hat. Ungeschickt hampeln Arme und Beine durch die Luft. In dem alten Sprungmotiv eilt sie am Beschauer vorbei, statt auf ihn zuzukommen; nur der Rumpf und Kopf sind unvermittelt nach vorn gedreht, der letztere mit einer leisen und doch belebenden Wendung im Sinne der Bewegung. Aber sobald wir das Werk im Rahmen der sonstigen Rundplastik seiner Zeit betrachten und es mit ihren richtigen Bildsäulen vergleichen, die noch starrer dastehen, als die Artemis in dem früher herangezogenen Relief (Taf. I 3), dann erscheint es als eine Leistung von bewundernswerter Kühnheit des Gedankens wie der Technik. Ein stark bewegtes Motiv, das an die Flächenkunst gebunden scheint, weil es eine wie immer primitive Darstellung des die Gestalt vom Boden trennenden Raumes erfordert, steht in leibhafter Körperlichkeit vor uns. Die Füfse berühren den Boden nicht, die Göttin schwingt sich wirklich durch die Luft, deren Widerstand das Kleid bis ans Knie hinauftreibt. Nur das Gewand stellte, zwischen den Beinen herabhangend, den materiellen Zusammenhang mit der Plinthe her.

Diese Lösung eines anscheinend unlösbaren Problems ist urnaiv, gewifs;

---

[1] Winter, Mitt. d. d. arch. Inst. Athen XIII (1888) S. 123 ff. gegen Brunn; vgl. jetzt des letzteren Gr. Kunstgesch. II S. 90 ff.

[2] Die Ergänzungsstücke des oberen Teils sind aus der Werkstatt des Albertinums in Dresden (Treu, oben S. 382 Anm 4), die des unteren von dem Gipsformer des Archäologischen Instituts der Universität Leipzig geformt. Die Schuhe statt der von Treu angenommenen blofsen Füfse werden durch den am rechten Fufs erhaltenen Flügel nach der Analogie der Kleinbronzen sowie anderer archaischer Werke gefordert.

[3] Ἐφημερ. ἀρχαιολ. 1886 S. 134 und 1888 S. 74; Corpus inscr. Attic. IV S. 181, vgl. Petersen (oben S. 382 Anm. 2) S. 389. — Zur Form unseres Pfeilers vgl. Jahrb. d. d. arch. Inst. III (1888) S. 271 f. (Bornmann).

[4] B. Gräf, Mitt. d. d. arch. Inst. Athen XIV (1889) S. 319.

aber es ist dieselbe geniale Naivetät, mit der Columbus das Ei zum Stehen brachte. Sie hat da unbewufst ein Samenkorn gepflanzt, aus dem dereinst die herrlichste Frucht erwachsen sollte.

IV

Welchen Beifall die Erfindung des Archermos bei den Zeitgenossen und den folgenden Geschlechtern geerntet hat, zeigt die lange, etwa ein Jahrhundert ausfüllende Reihe der bereits angeführten Wiederholungen des Typus. An ihr liefse sich trefflich nachweisen, wie der griechische Archaismus zwar das Erworbene festhält, gleich der orientalischen Kunst, wie er aber, von ihr sehr verschieden, in geduldiger, unermüdlicher Arbeit daran weiterschafft, so dafs die Wiederholung kein Erstarren, nur stetigen Fortschritt bedeutet. Ich mufs mich hier mit drei Beispielen begnügen.

Tafel II. Ein kleiner Marmortorso der Akropolis[1]) (Fig. 8), den Söhnen des Archermos ungefähr gleichzeitig, zeigt die Gewandung nicht allein zu reicherem, wenn auch noch schematischem Gefält entwickelt, sondern in ganz anderem Mafse wie von Archermos für den Ausdruck der stürmischen Bewegung verwertet. Die linke Hand packte vor dem Schofs, wo sie einen Bruch hinterlassen, den Peplos, und von der entsprechenden Schulter herabhangend weht sein Überschlag heftig zurück, ein zukunftreicher Gedanke des begabten Meisters, der auch das offene Haar nach Kräften zur Seite flattern läfst.

In diesem Punkte viel zahmer, auch die eckige Härte der Bewegungen mildernd, verrät eines von den daumenhohen Bronzefigürchen[2]) (Fig. 9) einen anderen bedeutungsvollen Fortschritt der Auffassung. Die leblose, wagrechte Haltung der Flügel ist einer erhobenen gewichen: die Kunst fängt an, sich bewufst zu werden, dafs Schwingen geschwungen werden müssen, wenn man fliegen will.

Im weiteren Verlaufe dieses Lebendigwerdens der Flügel ergab sich das Bedürfnis nach einer Veranschaulichung ihrer Gelenke; an die Stelle des aus der Flächenkunst übernommenen Festklebens am Rücken tritt ein freies Herausspringen aus der Schulterblattgegend. So ist das leblose orientalische Symbol zum beweglichen Organ geworden. Zugleich weicht auch die archaische Hakenform ganz einer natürlichern Bildung. Dafs man sich im übrigen auch jetzt um Anatomie und Physiologie der geflügelten Menschengestalt sowie um den Schnitt ihrer Kleider keine Sorgen machte, kann uns nur als ein neues Zeichen gesunden künstlerischen Sinnes gelten, der das, was im Glauben lebt, ohne viel Grübelns als wirklich hinnimmt. Auf diesem Standpunkt ist die jüngste und formvollendetste von den archaischen Marmorniken der Akropolis[3]), etwa aus der Zeit der Perserkriege, angelangt (Fig. 10). Ihre nur in Bruchstücken erhaltenen

---

[1]) Nr. V der Liste oben S. 383 Anm. 2; vgl. den Text von Sophulis.

[2]) Nr. 808 bei de Ridder, vgl. oben S. 383 f. Anm. 2; die Abbildung nach Mitt. d. d. arch. Inst. Athen XI (1886) Tf. 11c.

[3]) Oben S. 383 Anm. 2 Nr. IX, die Abbildung nach der Tafel Petersens, nur die beiden Teile, wie notwendig, beträchtlich weiter auseinandergerückt.

bunten Schwingen waren in den Rücken eingezapft, und zwar gesenkt, nicht gehoben, wie bei der Bronze. Die Rechte griff wieder vor dem Schofs ins Gewand. Der Kopf trat hier endlich aus der alten starren Vorderansicht heraus, freilich nicht eben sinngemäfs nach dem Ausgangspunkte der Bewegung hingewandt. Das archaische Sprungschema ist hier noch weiter zu mafsvollem Laufschritt gemildert, womit freilich auch viel von der naiven Überzeugungskraft jener ursprünglichen Form verloren geht. Der Künstler empfindet, dafs sich mit so heftiger Aktion der Beine die eben erst entdeckte der Flügel schlecht verträgt; aber er versucht es noch mit einem Kompromifs zwischen beiden, statt, sich von der Überlieferung befreiend, die ganze Bewegung aus dem neuen Motiv heraus neu zu gestalten.

Damit war die Lebensfähigkeit des von Archermos geschaffenen Typus zu Ende. Die Frühzeit überdauert hat er, wie so manches Archaische, nur noch in tektonischer Verwendung zu kunstgewerblichen Zwecken. Dies lehrt der hübsche Griffansatz eines Bronzespiegels, den neulich das Berliner Antiquarium 'aus Griechenland' erworben hat, wohl ein Werk der Blütezeit im fünften Jahrhundert (Fig. 11): Nike, in der Linken ein Toilettekästchen am Bügel herbeitragend, also, gemäfs dem Zweck eines Spiegels, im Dienste weiblicher Schönheit, wie auf gleichzeitigen Vasen.[1]

V

Zugleich mit dem Freiheitskampfe gegen die östliche Weltmacht zog über Hellas jener unvergleichliche, stürmische und sonnige Frühling herauf, der die Kunst zum erstenmal aus den Banden konventionellen Formelwesens, in dem alle 'Barbaren' stecken geblieben waren, auf die Höhe freier Menschlichkeit emporführte. Er hat das orientalische Flügelsymbol mancher Gestalt, wie der Artemis, für immer abgestreift. Auch die Schwingen der Siegesgöttin blieben nicht unangetastet, wie zum Beispiel ein inschriftlich beglaubigtes Münzbild von Terina sicher lehrt[2], weshalb kein Grund ist, anzuzweifeln, dafs auch ein grofser Bildhauer der Übergangszeit, Kalamis, Nike flügellos gebildet hat. Doch solchen Radikalismus überwand die fest eingewurzelte, weil nicht orientalische, sondern echtbürtig hellenische Vorstellung von Gottheiten, welche die Schwingen wirklich gebrauchten, um ihren Dienst zu verrichten. Wohl aber wurde die alte Aufgabe im Sinne der neuen Zeit ganz von vorn angefafst; natürlich wieder unter Führung der Flächenkunst. Die fehlenden monumentalen Zeugnisse hierfür ersetzen uns Münzen und Vasen.

Als Münzgepräge findet sich die Göttin wiederum zuerst im griechischen Osten, dann namentlich bei einigen Weststaaten, die zu den grofsen National-

---

[1] Berliner Antiquarium, Bronzeninventar Nr. 8519. Für die Erlaubnis zur Publikation bin ich Herrn Geheimrat Kekule von Stradonitz, für die Photographie Herrn Dr. E. Pernice zu Danke verpflichtet.

[2] Gardner, Types of Gr. coins Tf. 1, 23.

festen in engen Beziehungen standen: in Elis und grofshellenischen Städten.¹)
Den ältesten Typus halten nach Bewegung und Flügelbildung auch noch im
Tafel III fünften Jahrhundert die Münzen von Mallos in Kilikien fest (Fig. 12), während
sich die von Elis (Fig. 13) ungefähr der zuletzt besprochenen Marmorstatue
(Taf. II 10) an die Seite stellen. Ganz ähnlich erscheint Nike auch auf dem
älteren von zwei ausgewählten Beispielen der langen Reihe sicilischer Stücke,
wo sie auf ein siegreiches Gespann zueilt, um es zu bekränzen (Fig. 14).
Auf dem jüngeren dagegen (Fig. 15) tritt uns ein ganz neues Bild entgegen,
das, um es kurz zu sagen, das Flügelmädchen wie einen fliegenden Vogel
darstellt.

Was hat dazu geführt? Nichts als eine schärfere, lebendigere Auffassung
des Problems. Der geflügelte Mensch hat nur so lange seine Beine nach
Menschenart zu gebrauchen, als er sie auf festen Boden setzt. Sobald er sich
mit Hilfe der Flügel durch die Luft bewegt oder in der Schwebe hält, mufs
auch sein menschlicher Leib sich dem des fliegenden oder schwebenden Vogels
möglichst entsprechend verhalten. Was aber thut der Vogel nach unseren Begriffen? Er schwimmt in der Luft, indem er die Schwingen zugleich als
Fallschirm und als Ruder gebraucht. Der fliegende Mensch mufs also dem
schwimmenden gleich sehen. Nur dürfen wir dabei nicht an unsere heftigen
Schwimmschultempi denken, sondern eher an die Ruhelage, die sie unterbricht,
oder besser noch an die behaglich leichten Bewegungen, mit denen der vollendete
Schwimmer sein Gleichgewicht bewahrt.²) Wie genau das Nikefigürchen der
Münze dieser Forderung entspricht, lehrt sein Vergleich mit der Schwimmerin
in dem Damenbade, das in der Werkstatt des attischen Töpfers Andokides etwa
zur Zeit der Peisistratiden auf eine Amphora gemalt wurde³) (Fig. 16).

Diese entscheidende Übertragung hat begreiflicherweise früher bei un-
bekleideten Luftschwimmern, bei Eros und ähnlichen Flügelknaben stattgefunden.
Solche stellt in dem neuen, nur noch sehr steif gezeichneten Schema bereits
eine kyrenäische Schale mit schwarzen Figuren dar, die nicht viel jünger als
die Mitte des sechsten Jahrhunderts sein dürfte⁴) (Fig. 17). Doch das ist, wie
so manches andere in der Vasenmalerei der Battosstadt, nichts als eine Ent-
lehnung aus den Stätten ostionischer Kunst, die, als rechte Erbin der myke-
nischen, zwar an formaler, 'geometrischer' Zucht weit hinter der des Mutter-

---

¹) Nach den grundlegenden Arbeiten Imhoof-Blumers vgl. für unsere Zwecke Petersen
S. 392 ff. (s. oben S. 382 Anm. 2). Die ältesten Stücke sind jetzt wohl Catal. of Gr. coins Brit.
Mus. Mysia Tf. 4, 7; 9. — Unsere Abbildungen 12—15 sind entlehnt aus Gardner, Types
of Gr. coins Tf. 4, 30; 3, 14; 2, 10; 2, 35. Vgl. Six, Mitt. d. d. arch. Inst. XIII (1888) S. 159.
²) Klar ausgesprochen finde ich diesen Gedanken nur in des Physiologen S. Exner Vortrag 'Die Physiologie des Fliegens und Schwebens in den bildenden Künsten', Wien 1882,
der mir erst nach Abschlufs meiner Arbeit zugänglich wurde. Vgl. Kalkmann S. 57 f. (oben
S. 381 Anm. 5), auch Petersen S. 396 (oben S. 382 Anm. 2) und Six (vorige Anm.).
³) Abgeb. nach Schreiber, Kulturhistor. Bilderatlas Tf. 57, 5. Das ganze Gefäfs bei
Norton, Americ. Journ. of Archaeology XI (1896) S. 3.
⁴) Bull. de corr. hell. XVII (1893) S. 238.

landes zurück bleibt, ihr dagegen in frühreifer Kühnheit des Beobachtens auch der flüchtigsten Erscheinungen, namentlich im Bereiche des Malerischen, damals wie zumeist voranschreitet. Am Dache des grofsartig bilderreichen Sarkophags von Klazomenai im British Museum schwebt jedem von den Wagenlenkern ein solcher Genius voran, abwechselnd in dem alten Knieschema und der neuen, hier schon mit ganz anderer Frische erfafsten Schwimmhaltung[1]) (Fig. 18).

Das war ohne Zweifel die konsequenteste Lösung der Aufgabe, und sie blieb stets üblich, wenn Eros oder Nike als kleinere, allenfalls mit Vögeln vergleichbare Nebenfiguren über gröfseren Gestalten anzubringen waren. Wo sie dagegen als Hauptgegenstände oder aus anderen Gründen der Bodenlinie nahe rücken, da wird die Schwimmlage mifsverständlich[2]), und gebieterisch drängt sich die Forderung auf, dafs auch die geflügelte Menschengestalt über ihr Verhältnis zum Erdboden keinen Zweifel lasse, dafs sie sich der aufrechten Haltung, die doch einmal zu ihrer Natur und Würde gehört, wieder nähere. Und zu diesem Zwecke brauchten die mafsgebenden Naturvorbilder gar nicht verlassen zu werden: für die vom Himmel zur Erde herabschwebenden Götter bot sich die Analogie des Vogels, der aus dem Flug, des Menschen, der vom Schwimmen in den Stand übergeht. So ergab sich eine mehr oder weniger vorgeneigte Haltung mit zurückschwingenden Füfsen, deren leichte Divergenz auf die vorausgehenden Schwimmbewegungen zurück, auf das bevorstehende Beschreiten des festen Bodens vorauswies. Die verschiedenen Stadien des Übergangs von der Schwimmlage zu dem fast lotrechten Schweben veranschaulichen am besten die vier ihre Herrin umflatternden Eroten auf einer Schale des Töpfers Hieron (Fig. 19), die der Fund einer sehr ähnlichen Darstellung im sogenannten Perserschutte der Akropolis in die Zeit kurz vor 480 verweist.[3])

In dieser und der unmittelbar anschliefsenden Periode taucht endlich auch Nike und zwar gleich als ein Lieblingsgegenstand in dem bisherigen Vorrat attischer Vasenmalereien auf, nur noch vereinzelt in dem absterbenden Schema des Luftlaufs[4]), gewöhnlich in dem neuen Motiv. Zu den ältesten Belegen für das letztere gehört diese noch streng und etwas unbeholfen stilisierte Gestalt (Fig. 20), welche, die Schale über einen Altar ausgiefsend, in der andern Hand das Thymiaterion, eine Art Leuchter für das Weihrauchopfer, herbeibringt. In der freien, wenn auch noch etwas herben Anmut der beginnenden Blütezeit aber schwebt die Göttin auf einer anderen Vase (Fig. 21) zu einem Dreifufs,

---

[1]) Murray, Terracotta Sarcophagi, Gr. and Etr. in the Brit. Mus. Tf. 1. Über den ionischen Einflufs auf die kyrenäischen Vasen s. jetzt das schöne Buch von Böhlau, Aus ion. und ital. Nekrop., S. 121 ff., wo jedoch dieses schon von Puchstein erkannte Verhältnis zum Nachteil des peloponnesischen Einflusses allzueinseitig betont wird.

[2]) Als Beispiel diene Lenormant u. de Witte, Élite céramogr. I Tf. 98.

[3]) Abgeb. nach Wiener Vorlegebl. A Tf. 5. Vgl. Jahrbuch d. d. arch. Inst. II (1887) S. 164 Anm. 135.

[4]) So bei P. Gardner, Catal. of Gr. vases in the Ashmolean Museum (Oxford) Tf. 25 Nr. 265. Für den älteren Bestand sei ein für alle Mal auf die beiden Doktorschriften 'Nike in der Vasenmalerei' von Knapp und Kieseritzky verwiesen.

dem Preis eines Sieges mit dem Dithyramboschore, hernieder, um ihn mit der Tänie zu schmücken.[1])
Nichts anderes als diese Neugestaltung ihres Fluges wird gemeint sein, wenn die gleiche Quelle, die von dem Werke des Archermos Kunde giebt, einen namhaften Maler aus der Zeit des älteren Vasenbildes, Aglophon, den Vater des grofsen Polygnotos von Thasos, neben jenem Bildhauer als den zweiten 'Erfinder' der geflügelten Nike bezeichnet.[2]) Es war in der Hauptsache das letzte Wort der Flächenkunst über dieses Thema.

VI

Aber nun galt es wieder, das auf der Fläche geschaffene in die Rundplastik zu übertragen, die auf eine solchermafsen im Volksleben festgewurzelte Gestalt schlechterdings nicht mehr verzichten konnte. Und wie viel plastischer war diese geworden, seit sie nicht mehr in flächenhafter Haltung an dem Beschauer vorbei eilen mufste, sondern in runder Geschlossenheit auf ihn zuschweben konnte. Dennoch war die alte Schwierigkeit geblieben, und diese mit bewufstem Ernst nach Vollendung ringende Zeit versuchte sich an ihr zunächst mit anderen, strengeren Mitteln, als sie in dem scheinbar abgebrauchten, naiven Kunstgriff des Chioten anerkennen mochte.

Zum Wesen der Statue gehört, dafs sie steht, also den Boden mit den Füfsen berührt. Wer dieser Forderung treu bleiben wollte, der mufste sich begnügen, von dem neuen Schwebemotiv nur den Anfangs- oder Endpunkt darzustellen: wie die Füfse vom Boden abstofsen oder ihn wieder berühren. Das letztere, dem Erdenbewohner näher liegende, wurde unseres Wissens zuerst versucht.

Im Konservatorenpalaste zu Rom steht seit einigen Jahren die altertümlich schwerfällige Marmorstatue von der Hand eines peloponnesischen Meisters Tafel IV aus der Zeit der Perserkriege[3]) (Fig. 22). Die Flügel, nach den erhaltenen Ansätzen noch in der alten Weise aus einem Block mit der Figur gehauen und demgemäfs wenig herausspringend, kennzeichnen sie als Nike. Aber die Haltung ihres auf beiden Fufsspitzen emporgereckten Körpers entspricht höchstens einem Menschen, der eben aus mäfsiger Höhe herabgesprungen ist, und dafs wir wirklich so verstehen sollen, deuten nur die Hände an, indem sie den Überschlag des schweren dorischen Wollenpeplos am Saume fassen, damit ihn der Luftzug nicht zu hoch emportreibe. Woher sie kommt, verraten eben nur die Schwingen. Und das bessern auch nicht die formal reiferen Gestaltungen, die in römischen Kopien vor uns stehen, wie in dieser Erzstatuette aus Hercu-

---

[1]) Fig. 17 von der Vase British Museum Nr. E 513 des neuen Katalogs, nach Lenormant-de Witte, Élite de monum. céramogr. I Tf. 93. Fig. 18 ebendaher Tf. 92, das Gefäfs einst bei Pourtalès.

[2]) Six a. a. O. (oben S. 388 Anm. 1) S. 158 f.

[3]) Helbig, Führer d. d. röm. Antikensamml. I Nr. 589. Unser Zink nach Brunn-Bruckmann, Denkm. gr.-röm. Skulpt. Nr. 263.

laneum¹) (Fig. 23), deren Deutung Einsatzlöcher für die Flügel sichern. Die Weltkugel, auf der sie steht, kann, wie wir noch sehen werden, nicht dem griechischen Urbild angehört haben.

Wie viel lebendiger wirkt es, wenn die Göttin den Boden nur mit einer Fufsspitze betritt, und das schon an den alten springenden Niken vorgebildete Zurückflattern des Gewandes die Lebhaftigkeit der Bewegung veranschaulicht. So sehen wir sie in der hübschen Bronzefigur aus Fossombrone in Cassel²) (Fig. 26 27), wieder einer römischen Arbeit, die in allen Hauptformen, namentlich der strengen Körperhaltung und Kopfbildung, auf einen Typus der grofsen Zeit im fünften Jahrhundert zurückweist. Doch auch hier sähe der unbefangene Blick nichts als einen kurzen, tänzelnden Laufschritt, wenn nicht wieder die Erdkugel den Boden abgäbe.

Dem Ziele näher müssen die Nikebilder gekommen sein, welche Pheidias, wenigstens in der Art dieser Verbindung an archaische Vorgänger anknüpfend, seinen beiden erhabenen Tempelstatuen aus Gold und Elfenbein, der Athena Parthenos und dem olympischen Zeus, gleich einem Edelfalken auf die rechte Hand setzte. Von diesen beiden Werken ist nur die Athena durch statuarische Nachbildungen genauer bekannt, und eine unter ihnen hat auch die Nike erhalten; leider gerade eine der kleinsten und künstlerisch minderwertigsten, die meterhohe Marmorfigur vom Varvakion in Athen (Fig. 24), aus der nur dem geschultesten Auge ein Schatten von der Gröfse des Vorbildes entgegentritt. Was uns am meisten befremdet, ist die gegenständlich ganz unmotivierte Säule, welche der vorgestreckten Hand das Gewicht der im Original stark lebensgrofsen Figur abnahm, vielleicht in Erinnerung der hohen Pfeiler, auf denen wir uns schon die archaischen Siegesgöttinnen aufgestellt denken (Taf. II 7). Aber es darf dabei nicht vergessen werden, dafs der technische Notbehelf zugleich einen unentbehrlichen ästhetischen Dienst leistet, indem er, als Gegenstück des Schildes mit der Schlange, das im architektonischen Rahmen der Parthenonhalle doppelt unerläfsliche Gleichgewicht der Massen herstellt.³) Das stumpf gearbeitete Nikepüppchen selbst (Fig. 25), an dem aufser dem Kopf auch ein Ansatzstück des rechten Flügels fehlt, hielt in beiden Händen einen festonartig herabhangenden Kranz oder eine Binde. Um dieses Ehrenzeichen den unten stehenden Schützlingen der Herrin zu bringen, will sie sich eben, mit vorgelegtem

---

¹) Abgeb. nach Photographie Alinaris; vgl. Friedrichs-Wolters, Gipsabgüsse Nr. 1754.
²) Pinder, Führer durch das Museum Fridericianum in Cassel 1891 S. 20 f. Nach freundlicher Mitteilung von Johannes Böhlau, dem ich auch die Lichtbilder verdanke, kann die jetzt vorhandene Kugel aus poliertem schwarzen 'Marmor' moderne Ergänzung sein, dann aber eine richtige, da ein vom linken Fufse durch die Kugel hindurchgehender antiker Bronzedübel kaum zu einer andern Form der ursprünglichen Basis passen würde.
³) Kavvadias, Γλυπτὰ τοῦ ἐθν. μουσ. I Nr. 129; Collignon, Hist. d. l. sculpt. Gr. I S. 540 ff., wo die Litteratur. Für die Notwendigkeit der Säule vgl. besonders K. Lange, Mitt. d. d. arch. Inst. VI (1881) S. 71 ff. — Fig. 24 nach Brunn-Bruckmann, Denkm. Nr. 39, Fig. 25 nach Zeichnung. Das Nikefigürchen ist jetzt, wie mich Bulle belehrt, befreit von dem angeblichen langen Kranze, den die älteren Abbildungen und der Gipsabgufs zeigen, weil er sich als ein sinnlos angeklebter — Finger herausgestellt hat.

Oberleib und leicht gebogenen Knien, den linken Fuſs ein wenig voran, in ihr Element hinablassen. Pheidias hat also den Anfangspunkt des Niederschwebens gewählt und so das Wesen der Himmelsbotin am besten ausgedrückt. Damit waren die Möglichkeiten streng statuarischer Durchführung der Aufgabe erschöpft. Von ihnen allen gilt mehr oder weniger, daſs sie hinter dem Eindruck der Darstellungen auf der Fläche weit zurückbleiben. Jede Berührung der Füſse mit dem Erdboden zieht den übernatürlichen Vorgang wieder herab in den Kreis des menschlichen Springens und Laufens. Das Niederschweben von hohem Standort aber entgeht diesem Fehler nur dann, wenn jener durch einen Zusammenhang, wie ihn die Götterbilder des Pheidias darboten, als Heimstatt der Göttin bezeichnet ist. Für sich allein kann selbst der Scheitel der höchsten Säule einer schon weniger anspruchslosen Phantasie nicht den Olymp bedeuten wollen.

Die Theorie von den Grenzen der Künste wird daraus ganz richtig schlieſsen, das Problem sei für die Rundplastik überhaupt unlösbar. Aber des Lebens goldener Baum trägt immer wieder Früchte, die aller Theorie Hohn sprechen und dennoch recht behalten durch die zwingende Kraft ihrer Lebendigkeit.

VII

Um das Jahr 420 v. Ch. stellten die vertriebenen Messenier im Vereine mit ihrer zweiten Heimat Naupaktos den Zehnten von der Kriegsbeute, die sie als Bundesgenossen Athens im ersten Teil des peloponnesischen Krieges erkämpft hatten, in Gestalt einer Marmornike von der Hand des Paionios in Olympia auf. Es war ein köstliches Weihnachtsgeschenk für unsere Forscher, die vor mehr als zwanzig Jahren im Namen des jungen, sieggekrönten Reiches in der Altis den Spaten eingesetzt hatten, als dieses Meisterwerk wieder ans Licht emporstieg. Traurig zerschlagen freilich ist es auf uns gekommen Tafel V (Fig. 29 31). Aber langjähriges Zusammenwirken von Bildhauern und Gelehrten, unter denen Grüttner und Treu besonders dankbar zu nennen sind, ergab eine in allen Hauptpunkten gesicherte Rekonstruktion, der schlieſslich noch eine von Amelung entdeckte, freie Nachbildung des Kopfes aus römischer Zeit das am Original fehlende Gesicht hinzufügte (Fig. 28). Die einstige Aufstellung veranschaulicht das kleine Gipsmodell[1]) (Fig. 30).

Selbst gegen zwei Meter messend, stand sie auf einem schlanken Marmorpfeiler von gegen neun Meter Höhe. Seine ungewöhnliche, dreieckige Form ließ ihn dem Auge meistens nur als eine weiſse, schattenlose Fläche, nicht als Körper erscheinen. So auf das wirksamste über den Wald der übrigen Weihgeschenke emporgehoben und auf diese Ansicht meisterlich berechnet, schien diese Nike in Wahrheit vom Himmel herniederzuschweben, in göttlicher Ruhe und Sicherheit, und doch ein Bild des die Lüfte sausend durchschneidenden Fluges,

---

[1]) Treu, Olympia, Text III S. 182 ff. Zur Inschrift Dittenberger-Purgold, Olympia V Nr. 259. Unsere Abbildungen: Fig. 29 u. 31 nach Ol. Text III S. 184 f., 30 nach Ol. Tafelb. III Tf. 48, Fig. 26 nach Photographie des restaurierten Gipses im Albertinum zu Dresden.

vor dessen Lebensfülle jeder Zweifel verstummt. Die Fittige sind ungleich erhoben, auch der Körper steht etwas schräg, wie oft bei dem Vogel, der nach einem bestimmten Ziele hinabsteuert. Ihre Arbeit befördert der weite Mantel, indem er sich, von beiden Händen festgehalten, wie ein mächtiges Segel rückwärts und aufwärts bläht, um, gleich einem Fallschirm, die Wucht der Bewegung wohlthuend zu hemmen. Gegen diesen ruhigen, einst purpurnen Hintergrund peitscht der Wind die Faltenmassen des Chitons mit dem gegürteten Überhang, so dafs aus ihrer Umrahmung die jugendkräftige Gestalt in voller Plastik heraustritt. Von dem stürmischen Flattern hat sich die Spange auf der linken Schulter gelöst und aus einem Schlitz des Kleides tritt das linke Bein hervor, ganz frei in die Luft hinausschreitend, nur mittels einer unauffälligen, einst gewifs durch Farbe gleichsam ausgelöschten Stütze an der Plinthe befestigt. Doch auch der zurückschwingende rechte Fufs ruht auf keinem festen Boden, nur rückwärts haftet er an einem Zwischenstück, das die Gewandmassen mit der Standplatte verbindet; und dieses bildet in der Hauptsache ein fliegender Adler, dessen Kopf links deutlich hervortritt. Der wesensverwandten Göttin im Fluge begegnend, schiefst der Bote des Zeus unter ihren Füfsen hindurch, wie ein kleines Segelboot vor dem Bug des stolzen Dreimasters vorbeifliegt.

Mag auch die Theorie den Bildhauer tadeln, der sich erkühnte, sein schweres Marmorgebilde so zu sagen an den blauen Himmel hinzumalen; mag auch eine scharfe Betrachtung der Einzelformen etwas von der unübertrefflichen Klarheit und Feinheit attischer Kunst vermissen — immer bleibt die Nike des Paionios ein Meisterwerk von Gottes Gnaden, in der himmelstürmenden Kühnheit der Erfindung, in der Virtuosität der Technik.

Kein Wunder, dafs die Messenier und Naupaktier auch dem Apoll in Delphi nichts anderes darbringen mochten, als eine Wiederholung ihres olympischen Weihgeschenkes, von der bisher leider nur das ganz charakteristische Postament aufgefunden ist.[1])

Aber auch vorher hatte Paionios denselben Auftrag in etwas anderer Fassung auszuführen gehabt. In der Künstlerinschrift unserer Nike rühmt er sich, derselbe zu sein, 'der auch beim Anfertigen der Akroterien für den Tempel den Preis erhielt'. Und das Hauptstück unter diesen Akroterien, das ist dem plastischen Firstschmuck des Zeustempels, war nichts anderes als die Bronzenike auf dem Scheitel des hinter dem Messenierweihgeschenk emporragenden Ostgiebels. Der Grund, weshalb Paionios diese gerade hier als sein Eigentum reklamierte, kann nur engste Verwandtschaft beider Werke gewesen sein, die das spätere von dem früheren abhängig erscheinen liefs. Der Künstler hatte also seine verwegene Komposition erst in Erzgufs versucht, bevor er sie in den spröden, aber den gerade für sie unschätzbaren Vorteil der Bemalung darbietenden Marmor zu übersetzen wagte.

So freudig wir nun auch diesen Autorstolz begreifen, so wenig dürfen wir uns der Aufgabe entziehen, rückblickend festzustellen, wie viel selbst ein solches

---

[1]) Pomtow, Neue Jahrbücher f. Philol. u. Pädag. CLIII (1896) S. 577 ff.

Werk, das aus dem visionären Schauen eines glücklichen Augenblicks geboren scheint, der Tradition zu verdanken hat.

Äufserlich zunächst gemahnt diese Nike auf ihrem schlanken Pfeiler an die der Athena Parthenos, die thatsächlich auch auf hoher Stützsäule ruhte. Doch wird, nach dem früher Dargelegten, das unmittelbare Vorbild dieser Aufstellung der gleichen Herkunft gewesen sein, wie der technische Grundgedanke der Komposition selbst. Die schwebende Gestalt wesentlich nur mit dem Gewand auf die Basis zu stellen, das ist ja gar nichts anderes, als die alte, dem kindlichen Gemüte des Archermos entsprungene Lösung (Taf. II). An seiner Nike (Fig. 7) findet sich überdies schon der ausdrucksvolle Zug des entblöfsten Beins, an ihrer besten reifarchaischen Tochter (Fig. 8) der noch bedeutsamere des im Rücken wehenden Gewandes vorgebildet. Ja selbst die Übertragung jenes alten Grundgedankens auf das neue, von der Malerei geschaffene Schwebemotiv hatten vor Paionios schon ältere Marmorbildner angebahnt, wie diese unscheinbare und übel zugerichtete Figur auf der Insel Tafel VI Paros lehrt[1]) (Fig. 32 33), eine Vorläuferin des späteren Meisterwerkes auch in der Faltenbehandlung, die ganz anders darauf ausgeht, die Hauptformen des Körpers zu zeigen, als etwa die schlichte 'olympische', das heifst peloponnesische Art der Statue im Konservatorenpalaste (Taf. IV 22). Einen Gewandstil aber, der dem des Paionios ganz nahe kommt und dazu jenes Handhaben des Mantels als Segel sowie jenes Einschieben eines geeigneten Tieres unter die Menschengestalt, als Andeutung des Elements, auf dem sie sich übernatürlich bewegt — das alles findet sich an einer Reihe wohl etwas älterer Skulpturen wieder, an den Nereiden von dem nach ihnen als Nereidenmonument bezeichneten Grabmal in Xanthos (Fig. 34 35), welche über Delphinen oder Seemöven auf den Wogenkämmen hinhuschen.[2]) So war alles schon dagewesen, nur nicht das Ganze in seiner unvergleichlichen Herrlichkeit und ergreifenden Wahrheit.

Es ist gewifs kein Zufall, dafs sich diese Ahnenreihe der olympischen Nike, soweit nur unser Wissen reicht, ganz aus Kunstleistungen des ostionischen Stammes zusammensetzt, dem, so gut wie Archermos von Chios, der klazomenische Sarkophagmaler, Aglophon von Thasos und der unbekannte Parier, auch Paionios als Bürger des ionischen Städtchens Mende in Thrakien angehörte. Die dargelegte Entwickelung des von Haus aus malerischen Problems der fliegenden Menschengestalt, sie erweist sich als ein echtes Blatt aus der Geistesgeschichte dieses kecken, genialen Völkleins, dem vorher wie nachher der freieste Flug der Phantasie und die entschiedenste, durch Namen wie Polygnotos, Parrhasios, Apelles glanzvoll erwiesene Begabung für das Malerische eigen war.

---

[1]) Die Seitenansicht nach Löwy in d. Arch.-epigr. Mitteil. a. Österr. XI (1887) S. 162, die Vorderansicht nach Photographie gezeichnet. Das Verhältnis dieses Werkes zu den Skulpturen des olympischen Zeustempels hat m. E. falsch beurteilt Furtwängler in den Arch. Studien, H. Brunn dargebracht S. 79 ff.

[2]) Abgeb. nach Monum. d. inst. arch. X Tf. 11, 1; 2. Zur Deutung vgl. Kalkmann a. a. O. (S. 381 Anm. 5) S. 57 Anm. 21.

VIII

Der weitere Verlauf dieser Entwickelung bietet geringeres Interesse. Sind doch die zahlreichen fliegenden oder schwebenden Niken und Victorien späterer Perioden nur mehr oder weniger geglückte Nachbildungen, Modifikationen, auch Kreuzungen dessen, was wir das fünfte Jahrhundert leisten sahen, vor anderem der klassischen Schöpfungen des Pheidias und noch viel mehr des Paionios. Das Neue, was die spätere Zeit hinzuthut, ist nur in einem Punkt erheblich. Sie erfafst und zeigt, an den schwebenden, wie an tanzenden und sonst lebhaft bewegten Gestalten, die naturgemäfse 'diagonale Association' der Bewegungen beider Extremitätenpaare: dafs nämlich beim Ausschreiten des linken Fufses der rechte Arm vorwärtsgeht und umgekehrt; eine scheinbare Verdrehung, welche dem Streben der älteren Kunst nach reliefmäfsig klarem Auseinanderlegen der Körperteile widersprach und deshalb meist beseitigt wurde[1]), ohne ihr freilich ganz unbekannt zu sein, wie unter anderem die Schwimmerin des Andokides verrät[2]) (Taf. III 16). So stellt Nike, um nur das Bedeutendste zu nennen, der stattliche Torso von Megara[3]), der pergamenische Gigantenfries[4]) (Fig. 37) Tafel VII und die hübsche Bronzefigur aus Pompeji[5]) dar (Fig. 36). Dieser unleugbare Fortschritt in der Naturwahrheit der menschlichen Bewegung scheint mir aber ein zweifelhafter Gewinn für unsere göttliche Luftschwimmerin. Denn was beim menschlichen Schwimmen die Arme, das besorgen bei ihr die Flügel, und wer ihre Arme so an der Bewegung der Beine Teil nehmen läfst, der zerstört den Eindruck des sicheren, vogelartigen Schwebens, welchen der Paioniostypus gerade durch die Ruhe der Körperhaltung so vollkommen erreicht.

Zu übertrumpfen war er nur auf einem Wege: indem man mit dem Schweben vollen Ernst machte und die Flügelfigur — aufhängte, wozu eine Öse am Rücken der pompeianischen Statuette gedient hat. Auch andere Bronzen, namentlich aber Terracotten, Niken und Eroten, sind so verwendet worden. Damit ist die von Paionios mit kunstreicher List so wohl gewahrte materielle Standfestigkeit des Rundbildes preisgegeben, auf die doch unser Gefühl nur dort beruhigt verzichtet, wo es sich einem tektonischen Hängewerk einfügt, wie zum Beispiel unsere Lustreweibchen. Aber diese Stilwidrigkeit wird man sich bei so leichtwiegenden Gebilden als harmlosen dekorativen Scherz gerne gefallen lassen. Bei grofsen Statuen dagegen mufs sie als brutale Geschmacklosigkeit wirken, welche dahin gehört, wo sie die Pergamener verübten: bei einer Festvorstellung im Theater liefsen sie eine goldene Nike herabschweben, dafs sie den blutigen Sultan Mithradates bekränze.[6])

---

[1]) Ich bekenne, das Verständnis dieser Sache erst durch Marey, Le Mouvement, Paris 1894 S. 167 Anm. gewonnen zu haben.

[2]) Vgl. auch spätere Bilder des Schwimmens, z. B. Baumeister, Denkmäler I S. 640, II S. 962.

[3]) Purgold, Mitteil. d. d. arch. Inst. VI (1881) Tf. 10 11, S. 375 ff.

[4]) Abbildung nach Rayet, Monum. de l'art ant. II Tf. 62.

[5]) Friederichs-Wolters, Gipsabgüsse Nr. 1755. Das Original steht auf einer Kugel, die aber moderne Zuthat ist.

[6]) Plutarch, Sulla 11.

Künstlerisch auch nicht erfreulich ist eine weitere hellenistische Neuerung: das Aufstellen der Schwebenden auf dem Globus, dem Sinnbilde der Weltmacht, die uns als römische Kopistenzuthat zu älteren Typen bereits öfter vorgekommen ist (Taf. 23 26 27): ein echtes Stück 'alexandrinisch' gelehrter, toter Symbolik, das beim Worte genommen aus der Göttin etwas wie eine Gauklerin macht.[1])

IX

Doch wenn auch das Werk des Paionios einen Endpunkt in der aufsteigenden Entwickelung unserer Idealgestalt bedeutet: zu Ende ist sie damit noch lange nicht.

Ich habe schon erwähnt, daſs die Übergangszeit vom Archaismus zur freien Kunst den Gebrauch des orientalischen Flügelattributs wesentlich einschränkte. Sehen wir ab von den leicht kenntlichen Dämonen der Unterwelt, dann bleiben als oft dargestellte Gottheiten dieser Art nur diejenigen übrig, die Aristophanes in den Vögeln zusammenstellt: Eros, Nike und Iris, und da die Götterbotin hinter der Siegesgöttin sehr zurücktritt, ist Nike so ziemlich das Flügelmädchen schlechthin geworden. Als solches aber brauchte sie nicht mehr immer zu fliegen, um kenntlich zu sein; auch nicht bloſs leicht auf den Zehen hinzutänzeln, wie sie besonders archaisierende Werke, zum Beispiel die
Tafel VIII Kitharodenreliefs darstellen[2]) (Fig. 38); nein, sie durfte fest die Erde betreten gleich anderen Göttern, und damit begann für sie ein neues, mannigfaltiges Leben und Wirken.

Betrachten wir zunächst, wie sie in göttlicher Ruhe dem Thun der
Tafel IX Menschen zusieht, die nach ihr streben. So steht im Parthenonfries (Fig. 39) Nike — nicht Iris[3]) — dienstbereit im Gefolge ihres höchsten Gebieters, von ihm, gemäſs den Forderungen der ganzen Komposition, nur durch Hera getrennt, und blickt dem Panathenäenzug entgegen, in den Händen einst, wie drinnen am Tempelbilde, Kranz oder Binde bereit haltend für die mit herankommenden Sieger in den Agonen des Festes. Der fein jugendliche, lieblich ernste Kopf mit dem hochaufgenommenen Haarbund (Fig. 40) ist ihr erst durch die jüngsten Ausgrabungen auf der Burg wiedergegeben.

Bei den groſsen Wettspielen, welche die Göttin Tage lang in Atem hielten, muſste sie sich zwischendurch auch ein wenig Ruhe gönnen und sich niederlassen. In köstlich frischer Auffassung zeigt das ein noch etwas strenges Vasenbild mit roten Figuren (Fig. 43), wo sie mit Hilfe ihrer Flügel auf hohem Pfeiler Platz genommen hat, um von dort in lässig bequemer, nachdenklicher Haltung

---

[1]) Das früheste Beispiel scheint das nur durch arg verballhornte Zeichnung bekannte Werk des Nikeratos in Pergamon gewesen zu sein: Löwy, Inschr. gr. Bildh. Nr. 456, vgl. Furtwängler, Beschr. d. geschnitt. Steine im Antiquarium (Berlin) Nr. 2816, und dazu Bulles Art. Nike in Roschers Lexik. d. Mythol. (noch nicht erschienen).

[2]) Nach Schreiber, Hellenist. Reliefbilder Tf. 35, Berliner Skulpt. Nr. 921.

[3]) Die alte Deutung hat gut verteidigt Overbeck, Gesch. d. gr. Plastik I⁴ S. 444. Fig. 39 aus Roschers Lexik. d. Mythol. II S. 348, Fig. 40 nach Americ. Journ. of Archaeol. V (1889) Tf. 2.

21

einem Ringkampf zuzusehen.¹) Auf dem Erdboden oder auf Stufen sitzend stellen sie in vollendeter Schönheit Münzen von Terina und Elis dar (Fig. 41 42), doch wohl im Anschluß an statuarische Typen, derengleichen schon dem Pindar vorschweben dürften, wenn er den Sieger in Nikes Schoß fallen läßt.²)

Aber im allgemeinen geht ihr Ruhe wider die Natur, sie liebt es vielmehr, beweglich und behende selbst mit Hand anzulegen, Göttern und Menschen freundlich ihre Dienste zu leihen. Sie steigt als Rosselenkerin auf ihre Wagen, um sie zum Kampfe, zum Rennsieg oder zum Triumphzuge zu geleiten. Sie reicht dem Krieger die Waffen, dem Musiker sein Instrument. Besonders gern aber greift sie zu bei den feierlichen Handlungen nach dem Siege. Schon früher sahen wir sie auf Vasen herniederschweben, um ein Trankopfer zu vollziehen oder einen Preisdreifuß zu schmücken (Taf. III 20 21). Oft befaßt sie sich mit der Errichtung eines Tropaions, jenes Kreuzpfahles, an dem die Waffenrüstung des Feindes befestigt wurde, wie er sie im Leben trug (Fig. 45). Hier Tafel X tränkt sie vor dem dionysischen Dreifuß zum letztenmale den Opferstier (Fig. 46); dort hat sie dem glücklich zum Vater heimgekehrten Kriegsmann den Wein zum Willkommgruß eingeschenkt (Fig. 44). Denselben Dienst leistet sie auf jenen Kitharodenreliefs (Taf. IX) dem Apollon als göttlichem Urbild aller Sieger in seiner Kunst, wie sie denn frühzeitig an Hebes Stelle zur Göttermundschenkin schlechtweg erhoben wurde. Selbst dem Dienste des rühmlich Geschiedenen versagt sich die menschenfreundliche Göttin nicht (Fig. 47): leise herantretend legt sie ihre Kränze an den Stufen seines Grabmals nieder.³)

X

Diese liebenswürdige Geschäftigkeit ist nun auch der Boden geworden, in dem ein neuer Gedanke Wurzel faßte und herrliche Blüten trieb: die Vielheit der Siegesgöttinnen. Zwar dürfte, wie wir eingangs von Usener gelernt haben, schon der uralte Volksglaube jedem einzelnen Siege seine besondere Augenblicksgöttin zugeschrieben haben. Aber die theologische Systematik Hesiods hatte die Vorstellung der einen dauernden Sondergöttin an die Stelle gesetzt. Und wenn die archaische Kunst mehrere Niken nebeneinander stellte, wozu ihre Verwendung als Firstschmuck Anlaß geboten haben kann, dann wird das nur als Wiederholung der einen Gestalt verstanden worden sein. In wirklich lebendiger Mehrzahl, zunächst paarweise, finden wir sie erst auf Vasen und Reliefs polygnotisch-pheidiasischer Zeit.⁴) Ihnen folgt sogleich das älteste Beispiel einer

---

¹) Nach P. Gardner, Catal. of Gr. vases in the Ashmolean Museum, Oxford, Tf. 14.
²) Die Münzbilder Fig. 41 42 sind aus P. Gardner, Types of Gr. coins Tf. 8, 4; 5, 13 reproduziert. Vgl. Kalkmann, Bonner Studien, R. Kekulé gewidmet, S. 38 ff.; Pindar, Isthm. 1, 26, Nem. 5, 42.
³) Fig. 45 nach Lenormant de Witte, Élite céramogr. I Tf. 96. — Fig. 46 von der Vase in München Nr. 386 nach Reisch, Gr. Weihgesch. S. 69. — Fig. 44 Vase Brit. Mus. E 379 nach Gerhard, Auserl. gr. Vasenb. II Tf. 150. — Fig. 47 Lekythos aus Eretria in Oxford, Journ. of Hell. stud. XV (1895) Tf. 15.
⁴) Vasen z. B. Brit. Mus. Nr. E 460 469; Reliefs Friederichs-Wolters, Gipsabgüsse Nr. 1184 1185.

größeren Menge: am Throne des olympischen Zeus. Die vier Thronbeine umgaben unten, wo an die beiden inneren Seiten eines jeden die bemalten Schranken ansetzten[1]), je zwei, oben jedoch ringsum je vier Niken, im Reigentanze begriffen, also gewiſs nicht mehr in bloſs dekorativer Vervielfältigung gedacht. Und dieser unbegrenzten Schar bemächtigt sich alsbald die thätige Beweglichkeit, welche dem Einzelwesen längst eigen war. Ihren klassischen Ausdruck erhielt diese Vorstellung an der Balustrade des Tempels der Athena Nike.

Rechts vor dem perikleischen Prachtthor zur Akropolis tritt dem Herankommenden eine wohlgefügte turmartige Bastion, der Pyrgos entgegen. Auf ihm wurde doch wohl nach dem Propyläenbau, in der früheren Zeit des peloponnesischen Krieges, das zierliche ionische Tempelchen der Athena Nike erbaut.[2]) Kultusrücksichten werden es gewesen sein, welche den Architekten zwangen, die Kapelle hart an den Absturz des Pyrgos heranzurücken. Dennoch entschloſs man sich erst später, vermutlich nach einem der groſsen Erfolge des peloponnesischen Krieges, den gefährlichen Platz einzufrieden. Alle drei Seiten des Pyrgos umfaſste eine Brustwehr aus meterhohen Marmorplatten, nach auſsen mit prachtvollem Hochrelief geschmückt. Auf jeder Seite saſs die Tempelgöttin, der Errichtung von Trophäen und der Darbringung von Siegesopfern zuschauend. Diesen Gottesdienst aber verrichteten nicht Männer und Frauen von Athen, sondern eine entzückende Schar beschwingter, geschmeidiger Mädchengestalten, deren Schönheit eine raffinierte Meisterschaft der Gewandbehandlung mehr vervielfachte als verhüllte. Von den Trümmern dieser Herrlichkeit seien Ihnen nur

Tafel X einige Hauptstücke durch Abbildungen[3]) ins Gedächtnis gerufen (Fig. 48—51). Die ganze Platte zeigt links eine Nike, die sich mit dem vorgesetzten Fuſse gegen eine Bodenerhebung stemmt, um an der Leine die durchgehende Opferkuh zurückzuhalten, vor der die andere erschreckt zurückweicht. Dann folgen zwei mit erhobenen Händen an Trophäen beschäftigte und endlich die reizendste von allen, die in geschmeidiger Balance schwebend die Sandale vom erhobenen Fuſse löst; sie wenigstens trägt ihre Flügel nicht ohne Nutzen.

Selbst aus diesen Bruchstücken lacht uns noch eine verschwenderisch ausgebreitete, fast kokette Schönheit entgegen, von der wir begreifen, daſs sie in mehr als einer Hinsicht für die Nikedarstellungen der Folgezeit den Ton angegeben hat. Zunächst waren die Balustradenreliefs, an einem der bevorzugtesten Plätze der ersten Kunststätte Griechenlands vor aller Augen gestellt, eine unerschöpfliche Fundgrube von Handlungsmotiven. Dann aber

---

[1]) E. Gardner, Journal of Hellen. stud. XIV (1894) S. 233 ff. Robert, Marathonschlacht S. 83.

[2]) Die von Kavvadias, Ἐφημερ. ἀρχαιολογ. 1897, Tf. 11 S. 143 ff. herausgegebene Inschrift lehrt allerdings, daſs der Bau schon in der früheren Zeit des Perikles beschlossen, nicht aber, daſs er damals ausgeführt wurde. Die Gründe für spätere Entstehung dargelegt von Wolters, Bonner Studien, R. Kekulé gewidmet, S. 92 ff.; vgl. Puchstein, Ion. Capitell S. 14 ff., Furtwängler, Meisterwerke S. 207 ff.

[3]) Nach Kekulé, Die Balustrade der Athena Nike Tf. 1A, 3B, 4MO. Vgl. Collignon, Hist. d. l. sculpt. gr. II S. 104 ff., wo jedoch die wichtige Untersuchung von Petersen nachzutragen ist: Zeitschr. f. d. österr. Gymn. XXXII (1881) S. 261.

wiesen sie den Weg zu der einzigen Neuerung, welche die Zeit des Praxiteles an ihrer Charakteristik noch vorzunehmen fand: die Verkörperung des vielbegehrten Sieges wird derjenigen Gottheit angenähert, die das begehrenswerte Weib als solches darstellt, der Aphrodite, schließlich auch in der halben oder ganzen Entblößung. Als anspruchsloser Beleg für beides diene eine Gruppe vom Relief della Valle in München (Fig. 52), eins von den zahlreichen Beispielen der stieropfernden Nike, deren Motiv auch schon auf der Balustrade vorgebildet war.[1])

XI

Eine Fülle von Niketypen enthalten die Münzen vom vierten Jahrhundert abwärts, namentlich die der Feldherren Alexanders des Großen, die sein unermeßliches Reich in die verschiedenen hellenistischen Herrschaften zerrissen haben. Durch nichts wird die Größe des unbegreiflichen Helden — an der zu mäkeln eine beschämende Mode unserer Tage ist — so laut verkündet, wie durch die Zahl der ehrgeizigen, machtvollen Persönlichkeiten, die, unter seiner Führung zu einheitlichem Zusammenwirken gebändigt, über seinem frühen Grabe sich aufeinander stürzten in titanischem Ringen, als dessen Preis dem Sieger mit berückendem Glanze das Königsdiadem winkte. Und diese dämonisch gewaltige Zeit hat uns denn unter ihren vielen Gestaltungen der heißbegehrten Göttin eine hinterlassen, die zwar auch an vorher Dagewesenes anknüpft, aber dennoch in ihrer Weise alles Dagewesene überstrahlt und übertönt.

Im Norden des griechischen Meeres, nahe dem thrakischen Gestade, liegt die rauhe Felseninsel Samothrake. Ihre ganze geschichtliche Bedeutung beruhte auf dem Mysterienkultus der Kabiren. Dieser erreichte seinen Höhepunkt, als sich ihm das Herrschergeschlecht des benachbarten Makedonenlandes zuwandte: Philippos und Olympias sowie beider Sohn Alexander. Auch seine Nachfolger, wie Lysimachos von Thrakien und die ägyptischen Ptolemäer, wetteiferten durch stattliche Neubauten und andere Dienste um die Gunst der großen Götter. Dieses bedeutsame Heiligtum wurde in den siebenziger Jahren durch österreichische Ausgrabungen wissenschaftlich erschlossen. Aber das größte Kunstwerk, das dort die Erde barg, war bereits seit 1864 nach dem Louvre ausgeflogen.

Die ursprünglich gegen drei Meter hohe Marmorstatue wurde aus stark über hundert Fragmenten und Ansatzstücken soweit zusammengefügt, wie sie unsere Abbildungen zeigen[2]) (Fig. 53 54); nur die linke Brust und Schulter- Tafel XI partie bis zur Mitte des Halsansatzes und der rechte Flügel sind aus Gips hinzugefügt. Auch das großartige Postament, dessen erste Entdeckung ein schönes Verdienst der Österreicher ist, ließ sich fast ganz wieder zusammen-

---

[1]) Abbildung nach Kekulé a. a. O. S. 27.
[2]) Fig. 53 nach großer Photographie von Braun in Dornach, 54 nach derselben Photographie, die der Zink in dem Catalogue sommaire von Héron de Villefosse zu Nr. 2369 wiedergiebt. Der Herr Verfasser hatte die Güte, mir dieses Blatt zur Verfügung zu stellen, das auch meiner Überzeugung von dem richtigsten Standpunkte für die Betrachtung am nächsten kommt.

bauen. So ragt, immer noch mächtig ergreifend, das Siegesdenkmal auf seinem Ehrenplatze, dem Treppenabsatz des Escalier Daru, empor, unstreitig der stolzeste Besitz der französischen Antikensammlungen. Mit leichtem und doch wie stürmischem Schritte tritt das schlanke Riesenmädchen heraus an den vordersten Rand des Schlachtschiffes, auf dem sie über die Wogen dahinfährt, um aller Welt den Sieg der Flotte zu verkünden. Der fröhliche Seewind wühlt in dem weichen Gefieder ihrer Schwingen, in den Falten des Mantels und des durchscheinenden Chitons. Aber die Draperie bildet hier nicht mehr, wie an der Paioniosnike, blofs den Hintergrund, die Folie für die Gestalt: das Gewand ist ein lebendiges Wesen für sich geworden, das mit verschiedenartig bedingten, unendlich mannigfaltigen Bewegungen die jugendlich majestätischen Körperformen bald begleitet, bald durchkreuzt.

Diesen Gewandstil hat uns Benndorfs vergleichende Betrachtung[1]) verstehen gelehrt als die letzte, reifste Frucht der eigentlich hellenischen Entwickelung, man darf wohl sagen: als Analogon zur Körperbildung Lysipps, wie er sich denn auch, wenigstens in einem schwachen Abglanz, an der kleinen Nachbildung der Antiochia seines Schülers Eutychides wiederfindet. Der Vergleich dieser naturfrischen Formen mit dem Gigantenfries von Pergamon[2]) (Taf. VII 36), der trotz all seinem barocken Übermafs auch in diesem Punkte deutlich an ältere, 'klassische' Kunst anknüpft, kann den Benndorfschen Zeitansatz nur bestätigen. Und wenn er richtig ist, dann verdient auch die schöne Kombination volle Beachtung, durch die derselbe Forscher dem herrlichen Werke seinen Platz in der Geschichte noch genauer anzuweisen versucht hat.

Den glänzendsten Seesieg der ganzen Diadochenzeit errang im Jahre 306 beim kyprischen Salamis über seinen mächtigen und klugen Gegner Ptolemaios von Ägypten der 'Städtebezwinger', Demetrios Poliorketes. Diesen gröfsten Triumph seines Lebens, der ihm mit seinem Vater Antigonos den Königsnamen brachte, verkündete ein auf seinen Münzen (Fig. 56) wiederholt nachgebildetes Denkmal, dem wahrhaft königlichen Weihgeschenke von Samothrake ähnlicher als irgend einer anderen Darstellung der Nike auf dem Schiffsvorderteil.[3]) Die

---

[1]) Conze, Hauser, Benndorf, Neue Unters. auf Samothr., bes. S. 69 ff.

[2]) Dieser Vergleich hat nach Murray auch Klein (Praxiteles S. 335) zu einer sehr späten Datierung der Nike verlockt. Seine Äufserungen geben mir Anlafs zu einem Exkurs. Zu den nächsten Verwandten der Nike gehört nach ihrer Gewandbehandlung die wundervolle Mänade, Berliner Skulpturenkat. Nr. 208; man mufs nur die Verschiedenheit der Mafse und des Kleiderstoffes in Betracht ziehen. Da von den vielen Ergänzungsversuchen die mit der Doppelflöte (die auch auseinander genommen vorkommt) mindestens nicht unwahrscheinlicher als die anderen sind, wage ich die Frage, ob wir hier nicht eine Marmorkopie nach Lysipps temulenta tibicina vor uns haben (Plinius XXXIV 63, von Klein grundlos angetastet). Dieses Mädchen als trunken aufzufassen, ist mindestens ebenso möglich, wie das Original des Anakreon Borghese-Jacobsen (vgl. zuletzt Furtwängler, Meisterwerke S. 92 f.) als ein Bild ἡδονὸς ἐν μέθῃ ἀνθρώπου zu beschreiben (Pausan. I 25, 1).

[3]) Unsere Münzbilder nach Gipsabdrücken der Berliner Sammlung. — Zu dem von Benndorf S. 77 ff. zusammengestellten käme vielleicht als ältestes Beispiel die Schiffsbasis

Übereinstimmung geht bis in technische Einzelheiten des Schiffsbaues[1]), und dafs die Stempelschneider die Bekleidung vereinfacht, die Flügel dem Rahmen zu Liebe gesenkt haben, kann nicht als Unterschied gelten. Es fragt sich nur, ob sich die fehlenden Teile der Statue nach den Münzen ergänzen lassen, wie es Meister Zumbusch versuchte (Fig. 55). Die Linke war gesenkt und hielt nach sicheren Befestigungsspuren ein stabartiges Gerät in ähnlicher Lage, in der die Münzen das leichte Holzkreuz darstellen, das wohl keinen Tropaionpfahl, sondern eine Schiffstrophäe: die als Stütze des palmettenähnlichen Aphlastons am hochgeschwungenen Schiffshinterteil[2]) dienende 'Stylis', vorstellt. Die Rechte kann, nach dem erhaltenen Schulterteile zu schliefsen, sehr wohl mit einer Salpinx erhoben gewesen sein. Und dafs der Kopf soweit nach dieser Hauptrichtung der ganzen Bewegung gedreht war, um mit den Lippen das Trompetenmundstück berühren zu können, scheint auch mir der weich geschwellte, nicht gespannte Ansatz des rechten Kopfnickers zu ergeben.[3]) Nur in Kleinigkeiten bedarf Zumbuschs Rekonstruktion der Berichtigung; beispielsweise müfste die Salpinx in untergelegter, mit dem Daumen nach rechts gewandter Hand ruhen, was allgemein üblich und auf den Münzen zu erkennen ist. In der Hauptsache bleibt sie möglich und damit, nach dem ganzen Sachverhalt, höchst wahrscheinlich.

So haben wir denn nicht schlechthin zwingende, aber doch sehr gute Gründe zu der Annahme, dafs es jener glorreiche Sieg des jungen Helden, in dessen Gestalt und Thaten Alexander selbst wieder aufzuleben schien, gewesen sei, was diese Nike der Gemeinde der seemächtigen Kabiren mit schmetternder Fanfare kundgab, von ihrem erhabenen Standort im Süden des Heiligtums[4]) weit hinüberglänzend über den Sund nach der thrakischen Küste, wo ihres Herrn Totfeind Lysimachos gebot.

Aber mag die Entscheidung über diese Hypothese schliefslich wie immer ausfallen, fest bleibt die Schätzung des wundervollen Fundes als des Meisterwerks eines gewaltigen Künstlers jener Zeit. Seinen Namen wissen wir leider nicht, wir können ihn kaum vermuten.[5]) Aber soviel, glaube ich, läfst sich behaupten: es war ein echter Sohn der vom Genius Lysipps beherrschten Epoche; einer von denen, die den verblassenden Idealtypen der

---

bei Kavvadias, Fouilles d'Épidaure S. 38 f., wenn sie nicht statt einer Nike auch Krieger getragen haben könnte, wie die Proren am Scheiterhaufen des Hephaistion (Diodor XVII 114).

[1]) Assmann bei Baumeister, Denkmäler III S. 1631 ff.
[2]) Babelon, Mélange de numismat. I Tf. 7 S. 203 ff.
[3]) So zuletzt Rubensohn, Die Mysterienheiligtümer von Eleusis und Samothrake S. 149. Wenn sich Klein (vgl. S. 400 Anm. 2) dagegen auf die Restauratoren des Berliner Museums beruft, so kann ich mitteilen, dafs ich denjenigen von ihnen, mit dem ich neulich den Thatbestand am Gipsabgufs prüfen konnte, Herrn Possenti, zu der herrschenden Meinung bekehrt habe.
[4]) Darüber zuletzt Kern, Mitteil. d. d. arch. Inst. Athen XVIII (1893) S. 338 ff. Durch seine und Rubensohns (vorige Anm.) Ausführungen fallen m. E. auch die topographischen Bedenken gegen Benndorfs Hypothese fort.
[5]) Kavvadias, Bull. d. inst. archeol. 1879 S. 11 dachte an Eutychides.

grofsen alten Zeit etwas von dem frischen Blute der Individualität einzuflöfsen verstanden. Besitzen wir in der Nike des Paionios das fromme Bild des vom Himmel kommenden Sieges an sich: hier steht ein Werk, in dem der einzelne Triumph irdischer Macht so bestimmten Ausdruck erlangt hat, als innerhalb der Grenzen idealer Kunst nur irgend möglich war.

XII

Aus der Folgezeit wüfste ich kaum eine Nike anzuführen, welche den von der griechischen Kunst auf den Höhen ihres Schaffens hervorgebrachten Typen etwas wesentlich Neues hinzugefügt hätte. Dargestellt freilich ward sie noch unendlich oft, namentlich als Victoria der neuen römischen Welteroberer, deren Kaiser und Legionen der Göttin, wohl nach dem Vorgange der hellenistischen Fürsten, auch einen wirklichen, ausgebildeten Kultus widmeten. Und es fehlt aus ihrem Bereiche nicht ganz an Werken, die unsere Bewunderung erregen. Aber selbst die besten hängen ganz von älteren Gestaltungen ab — wie uns ja schon mehrere römische Nachbildungen griechischer Originale begegnet sind — ja nicht einmal immer von solchen, die aus dem eigenen Wesen der Siegesgöttin herausgewachsen waren. Dies gilt auch von der Tafel XII vielgerühmten Bronzestatue in Brescia, aus der Zeit Vespasians[1]) (Fig. 59). Sie ist richtig ergänzt mit einem Schilde, auf den sie die Siegesinschrift einer Trophäe aufzeichnet, ein Motiv, das der hellenistischen Kunst nicht fremd geblieben sein wird. Aber trotzdem ist diese Victoria nichts als eine Variation jener durch die Statue von Capua am besten vertretenen Aphrodite des vierten Jahrhunderts, die den Schild des Ares als Spiegel benutzte (Fig. 57). Und diese dürftige Leistung fand doch soviel Beifall, dafs auch noch die grofsartige Kunstthätigkeit unter Trajan nichts Besseres an ihre Stelle zu setzen fand, was hier das Relief von der Trajanssäule bezeugt (Fig. 58). Die Gröfse der römischen Kunst liegt eben auf anderen Gebieten; ihren Bedarf an Idealgestalten hat sie aus dem Erbe der Hellenen bestritten.

Und von diesem reichen Erbe zehrte auch alle Folgezeit, bewufst oder unbewufst. Die himmlischen Heerscharen unserer christlichen Kunst, was sind sie anderes, als die direkten Abkömmlinge von Eros und Nike? Und als die Renaissance den selbstbewufsten Stolz des Menschen wieder erweckt hatte, da flog auch die alte Siegesgöttin ohne Maske wieder herbei. Es ist nicht meines Amtes, ihr reiches Nachleben bis auf die jüngste Zeit herab im einzelnen zu verfolgen. Aber darauf möchte ich noch hinweisen, dafs sie selbst heute, inmitten all des Kampfes um eine neue, natur- und zeitgemäfse Kunst, keine Miene macht, wie ein Gespenst zu zerrinnen, so grimmig auch hin und wieder diese 'wahren Monstra' mit dem 'nicht allein paratypischen, sondern auch mechanisch sinnlosen' 'dritten Paar Extremitäten' von glaubensstarken Priestern

---

[1]) Zuletzt besprochen von Furtwängler, Meisterwerke S. 631. Unsere Abbildungen Fig. 57—59 nach Brunn-Bruckmann, Denkm. Nr. 297 299 398.

der alleinseligmachenden Naturerkenntnis exorziert werden.¹) Der Name mag noch öfter wechseln; sie selbst aber, diese holden, glückverheißenden Flügelwesen, zu denen der Zauberstab des Hellenentums die leblos symbolischen 'Mißgeschöpfe des Ostens' umgeschaffen hatte, sie werden fortleben, so lang es im Zusammenhang unserer Gesittung Menschen giebt, die zu höheren Wesen aufblicken, daß sie ihren Mühen das Gelingen, ihren Kämpfen den Sieg herabsenden. Auch von ihnen gelten die Worte, die Anton Springer an die Spitze seiner allgemeinen Kunstgeschichte gesetzt hat: 'Mit den Griechen beginnt unsere Kunstwelt.'

---

¹) Zuletzt meines Wissens von E. du Bois-Reymond, Naturwiss. und bild. Kunst (Berlin 1891) S 48 ff., woher die Zitate entnommen sind.

Studniczka, Die Siegesgöttin. Tafel I

Fig. 1 Assyrischer Dämon.
Fig. 2 Ägyptische Göttin. 
Fig. 3 Artemis von einem Bronzerelief in Olympia. 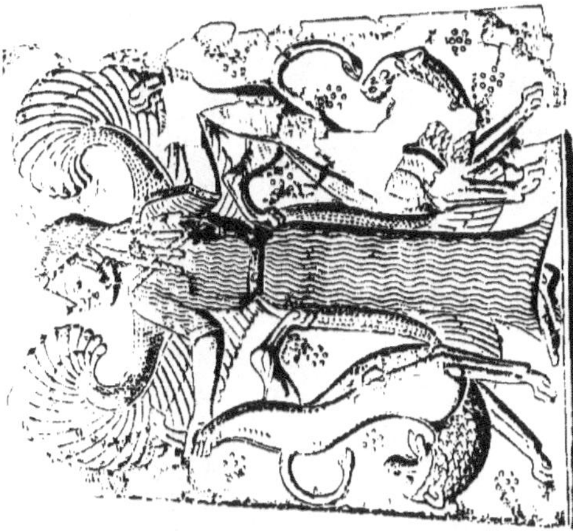
Fig. 4 Momentphotographien eines Springenden.
Fig. 5 Gorgo von der Françoisvase in Florenz. 
Fig. 6 Perseus von altattischer Vase in Berlin.

Fig. 7 Marmorstatue aus Delos, wahrscheinlich von Archermos.
Ergänzter Gipsabguss im Antikenmuseum der Universität Leipzig.

Tafel II

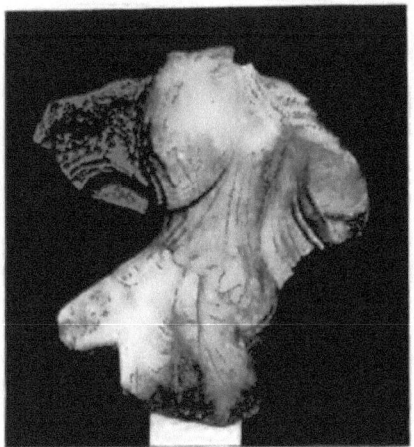

Fig. 8 Marmortorso der Akropolis.

Fig. 9
Bronzefigürchen der Akropolis.

Fig. 10
Marmorstatue der Akropolis

Fig. 11 Bronzener Spiegel im Berliner Museum.

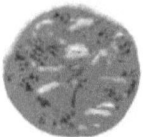
Fig. 12
Münze von Mallos.

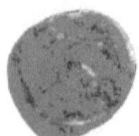
Fig. 13
Münze von Elis.

Fig. 14
Münze von Syrakus.

Fig. 15
Münze von Himera.

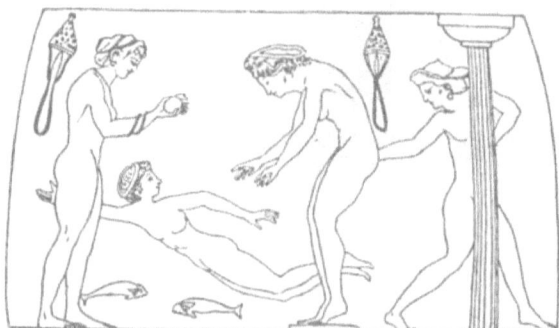
Fig. 16   Vasenbild des Andokides im Louvre.

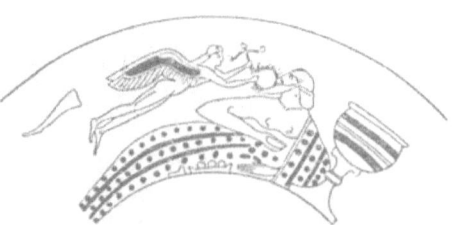
Fig. 17   Von einer kyrenäischen Schale im Louvre.

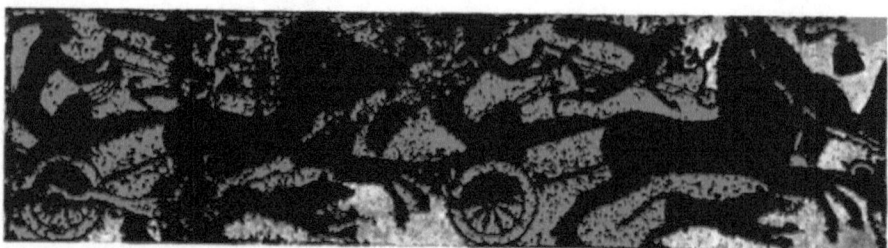
Fig. 18   Von einem klazomenischen Sarkophag im British Museum.

Tafel III

Fig. 19
Von einer Schale des Hieron im Berliner Museum.

Fig. 20
Vasenbild im British Museum.

Fig. 21
Vasenbild einst bei Pourtalès.

Studniczka, Die Siegesgöttin.

Fig. 24 Athena Parthenos, Marmorstatuette in Athen.

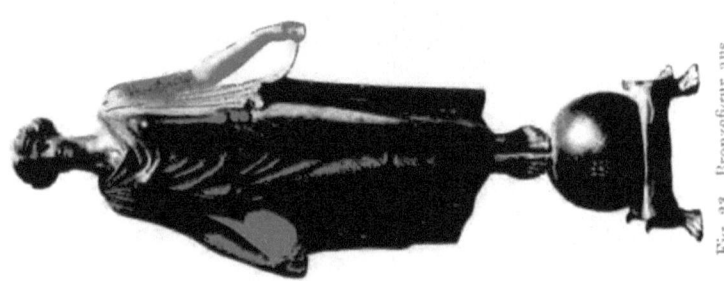

Fig. 23 Bronzefigur aus Herculaneum in Neapel.

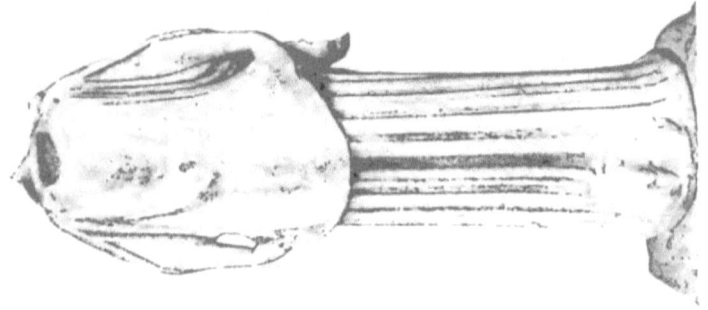

Fig. 22 Marmorstatue im Conservatorenpalaste.

Tafel IV

Fig. 27. Bronzefigur in Cassel.

Fig. 25. Nike auf der Hand der Statuette Fig. 24.

Fig. 26. Bronzefigur in Cassel.

Fig. 28 Ergänzter Gipsabzug im Albertinum zu Dresden.

Tafel V

Fig. 29
Die erhaltenen Teile.

Fig. 30 Ergänzungsmodell des ganzen Weihgeschenks.

Fig. 31
Die erhaltenen Teile.

Paionios in Olympia.

Fig. 32   Marmorstatue in Paros.   Fig. 33

Fig. 34   Fig. 35
Nereiden, Marmorstatuen von Xanthos im British Museum.

Studniczka, Die Siegesgöttin. Tafel VII

Fig. 37 Aus dem pergamenischen Gigantenkampf in Berlin.

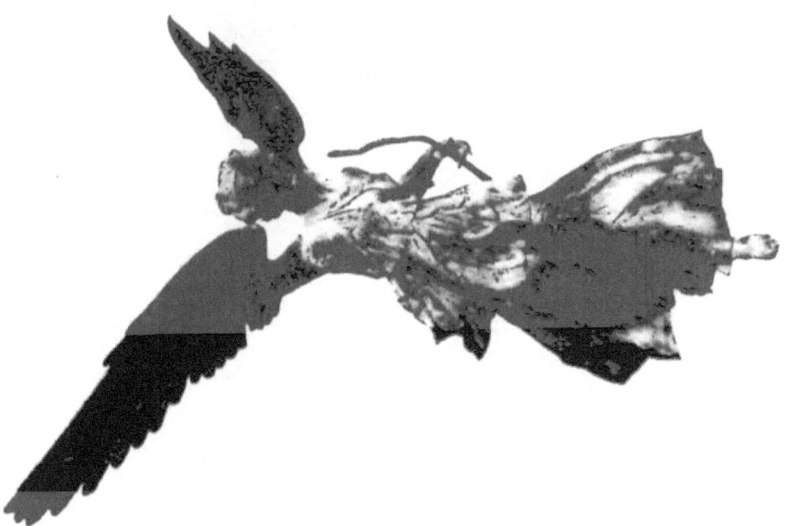

Fig. 36 Bronzefigur aus Pompeii in Neapel.

Fig. 38 Marmorrelief in Berlin.

Fig. 40 Kopf von Fig. 39.

Fig. 39 Vom Parthenonfries.

Fig. 41
Münze von Terina.

Fig. 42
Münze von Elis.

Fig. 43 Vasenbild in Oxford.

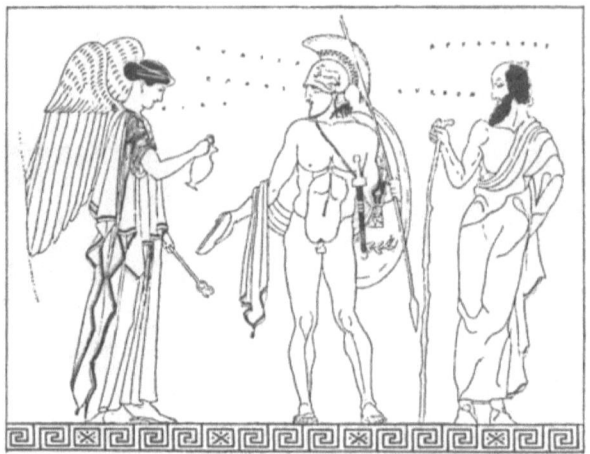

Fig. 44 Vasenbild im British Museum.

Fig. 45 Vasenbild.

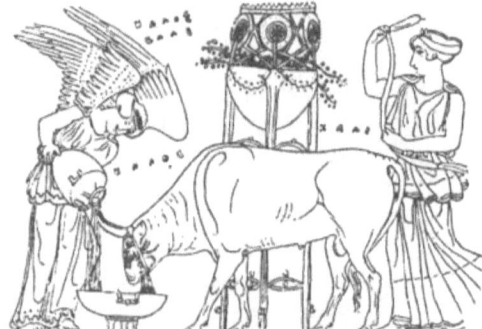

Fig. 46 Vasenbild in München.

Fig. 47 Polychromes Vasenbild in Oxford.

Tafel X

Fig. 48

Fig. 49  Fig. 50  Fig. 51
Fig. 48—51 Marmorreliefs von der Balustrade der Athena Nike.

Fig. 52 Marmorrelief in München.

Fig. 53. Marmorstatue aus Samothrake im Louvre.

Tafel XI

Fig. 54 Dieselbe auf Schiffsvorderteil. Fig. 55 Ergänzungsversuch von Fig. 53.

Fig. 56 Münzen des Demetrios Poliorketes.

Studniczka, Die Siegesgöttin. Tafel XII

Fig. 59 Bronzestatue in Brescia.

Fig. 58 Von der Trajanssäule.

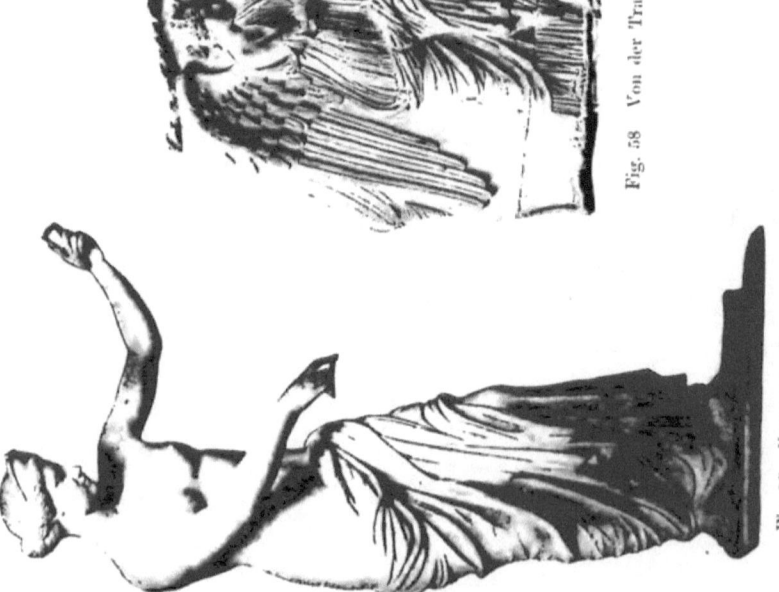

Fig. 57 Venus von Capua, Marmorstatue in Neapel.

www.ingramcontent.com/pod-product-compliance
Lightning Source LLC
Chambersburg PA
CBHW030059170426
43197CB00010B/1598